Thomas Beigang

AF238608

# KRIMINALAKTE VERMISST

## Auf der Suche nach Wahrheit

**Geklärte und ungeklärte Fälle
aus Mecklenburg-Vorpommern**

# Inhaltsverzeichnis

# Vorwort

Es gibt Geschichten, die lassen auch einen Journalisten nicht los, egal, wie viele Jahre vergangen sind. Dabei sollte man eigentlich denken, dieser Berufsstand ist besonders abgebrüht. Das aber stimmt nur zum Teil. Klar, ein Journalist erlebt eine ganze Menge – darunter auch Trauriges und Schreckliches. Wer schon einmal mit einer Familie vor den rauchenden Trümmern ihrer Existenz stand, nur wenige Stunden nach einem verheerenden Brand, weiß, worüber ich rede. Oder wer eine von Weinkrämpfen geschüttelte Ehefrau aus nächster Nähe erlebt hat, die vor Gericht den Mördern ihres Ehemannes gegenüber treten musste. Das Gleiche gilt, wenn sich verzweifelte ältere Herrschaften melden, die gerade gutgläubig perfiden Halunken auf den Leim gegangen sind und von einem Tag auf den anderen die Ersparnisse ihres Lebens verloren haben. Alles Schicksale, die denjenigen, der darüber berichtet, so schnell nicht loslassen. Und trotzdem, es gibt auch unter diesen Geschichten, die unter die Haut gehen, die ganz besonderen, die man nicht mehr aus dem Kopf bekommt. Dabei ist eigentlich nichts wünschenswerter, als dass sie einen endlich loslassen würden. Das tun die aber nicht. Vielleicht, weil die immer noch lebendig sind oder, auch eine Möglichkeit, weil sie überhaupt kein Ende besitzen. Und genau dies ist vermutlich das ganz besonders Schreckliche. So kann damit niemand, der ganz dicht dabei war, abschließen. Selbst der Beobachter nicht. Eine dieser wenigen ganz besonderen Geschichten ist jene über das Schicksal der zehnjährigen Susann Jahrsetz. Das Mädchen aus Malchin, das heute eine 33-jährige junge Frau wäre. Wenn ihr Entführer und Mörder sie gelassen hätte. „Der Fall Susann" im ersten Teil dieses Buches erzählt davon, eine Geschichte neben vielen anderen, die besonders berührt.

**Thomas Beigang**

# Der Autor

Thomas Beigang (Jahrgang 1960), Journalist beim Nordkurier mit einem besonderen Faible für Geschichten jenseits der Hauptstraße, hat, zusammengerechnet, viele Wochen gemeinsam mit Richtern, Staatsanwälten, Verteidigern, Angeklagten und Zeugen in Warener und Neubrandenburger Gerichtssälen gesessen und dabei Geschichten gehört, die manchmal kaum zu glauben waren. Im Frühjahr 2015 erschien bereits sein erstes Buch, die „Kriminalakte Müritz" mit Gerichtsreportagen aus der Region. Auch bei der Fortsetzung der Buchreihe wirkte Thomas Beigang mit und trug mit seinen Artikeln über Gauner, Schurken oder auch einfach nur Zeit-

Thomas Beigang

genossen, die irgendwie auf die schiefe Bahn geraten waren, dazu bei, dass die „Kriminalakte Neubrandenburg" und „Kriminalakte Vorpommern" erscheinen konnten. Das nun vorliegende Buch widmet sich einem besonderen Genre der Kriminalität. Es sind Fälle, die schon in der Zeitung für Schlagzeilen sorgten, aber auch Jahre später noch nichts von ihrer Brisanz verloren haben, weil sie Fragen offen lassen oder gänzlich ungeklärt sind.

Die „Kriminalakte Vermisst" ist damit kein Buch wie jedes andere. Es widmet sich einem höchst sensiblen Thema und verlangt auch vom Schreibenden viel Fingerspitzengefühl und Einfühlungsvermögen - ohne jedoch die Sachlichkeit aus den Augen zu verlieren.

## ERSTER TEIL

# DER FALL SUSANN

## *Susann Jahrsetz*

*+ + + Verschwunden im August 1994 + + +*

# ■ Verwaister Spielplatz

Der 12. August 1994, ein Freitag, war für die meisten Bewohner des Malchiner Neubaugebiets „Am Zachow" ein ganz normaler Tag, der sich durch nichts von anderen Wochentagen unterschied. Der Malchiner Stadtteil bot auch nichts Überraschendes, die Neubausiedlung sah aus wie viele andere in vielen anderen kleinen Städten im Nordosten der ehemaligen DDR, die vor nicht einmal vier Jahren untergegangen war. Plattenbauten prägen das Aussehen der Wohnsiedlung am südwestlichen Rande Malchins. Die Straße nach Basedow verläuft in unmittelbarer Nähe, nicht weit entfernt fließt der Dahmer Kanal, der den Malchiner See mit dem Kummerower See verbindet. Dutzende nasse Torflöcher und Teiche säumen den Stadtrand.

Freitag Nachmittag. Diejenigen, die Am Zachow wohnen und arbeiten gehen dürfen, freuen sich schon auf den Feierabend und das kommende Wochenende. Viele sind das nicht mehr im Jahr vier der deutschen Einheit. Auch vor Malchin machte nicht Halt, was in vielen mecklenburgischen und vorpommerschen Städten für viel Resignation gesorgt hat: Ganze Betriebe wurden platt gemacht und die wenigen, die in der Marktwirtschaft eine Überlebenschance besaßen, machten mit einem Bruchteil der ursprünglichen Besetzung weiter. Arbeitslosigkeit und vorzeitiger Ruhestand waren auch Am

*Susann Jahrsetz*

Zachow gang und gebe. Dabei lebte es sich so schlecht nicht in der kleinen Plattensiedlung, die Wege waren kurz, alles was Familien zum Leben brauchten, war in der Nähe. Schule, Kindergarten, Kaufhalle. Hinter den Neubaublöcken luden karge Spielplätze die zahlreichen Kinder, die damals noch hier wie in den vielen anderen Plattensiedlungen lebten, zum Toben ein. Die Spielplätze waren der Treff der Kids, hier kam man zusammen, tauschte Neuigkeiten aus, redete über die Schule, die Familie, legte fest, wer doof war und wer nicht. Zu den Kindern, die regelmäßig und oft auf dem Spielplatz Am Zachow zu finden waren, gehörte die zehnjährige Susann Jahrsetz. Ein aufgewecktes Mädchen, das sich jetzt im August, mitten in den Sommerferien, schon wieder auf die Schule freute. In die fünfte Klasse sollte Susann kommen, die Schulbücher lagen sauber eingeschlagen schon zu Hause. Das neue Schuljahr hätte beginnen können, Susann war bereit. Dafür hatten schon die Großeltern gesorgt.

Das zehnjährige Mädchen ist in den vergangenen Jahren bei den Eltern ihrer Mutter aufgewachsen. Susanns Mutter, eine qualifizierte und anerkannte Kindergärtnerin voller Neugier und Lust auf die Welt draußen vor den Toren Malchins, bekam 1988 – Susann war gerade vier Jahre alt – ein Angebot, das man kaum ausschlagen konnte. Sie wurde gefragt, ob sie sich vorstellen könnte, im Auftrag der DDR im Ausland zu arbeiten. Nicht irgendwo, sondern im damaligen Vielvölkerstaat Jugoslawien. Das war zwar auch ein sozialistisches Land, aber eines von der anderen Sorte. Freizügiger und nicht beschränkt von solchen restriktiven Reisebeschränkungen, die in der DDR und den anderen Ostblockstaaten an der Tagesordnung waren. Ramona Schön, so heißt Susanns Mutter nach ihrer Heirat, sollte an der kroatischen Küste arbeiten. Die Adria – für „normale" DDR-Bürger fast so unerreichbar wie die Toscana oder die spanische Mittelmeerküste. „Da konnte ich nicht Nein sagen", erzählt Ramona Schön heute. Die Lust, etwas Neues kennen zu lernen, war einfach zu groß. Zumal der neue Job auch so recht nach dem Geschmack der jungen Malchinerin war. Ramona Schöns neue Aufgabe war die Betreuung von kranken Kindern, deren fast letzte Hoffnung ein Kuraufenthalt an der kroatischen Adriaküste war. Kinder aus der DDR, die an so schlimmen Krankheiten wie Asthma oder Neurodermitis litten und bei denen herkömmliche Therapien nicht mehr anschlugen. An der guten kroatischen Luft und im salzigen Adriawasser sollten die Kinder genesen. „Den allermeisten kleinen Kranken ging es nach den vier Wochen auch viel besser", erinnert sich Ramona Schön.

Zwei Jahre, so der Auftrag, hatte sich die Malchinerin um die Betreuung der kranken DDR-Kinder zu kümmern. Mit den im Ostblock begehrten Maschinen Made in GDR bezahlte die ostdeutsche Republik den Aufenthalt der Kinder bei der jugoslawischen Regierung. Einziger Pferdefuß: Die junge Mutter, die nie mit dem Erzeuger ihrer kleinen Tochter zusammen gelebt hat, musste sich allein auf die weite Reise machen. Susann sollte als „Faustpfand" in der DDR bleiben, die Gefahr der Republikflucht war bei Erwachsenen, die ihre Kinder nicht bei sich hatten, viel geringer. Nur wenige Spezialisten aus der DDR, die im nichtsozialistischen Ausland zum Wohl der Republik arbeiteten, durften ihre Familien mitnehmen. „Susann blieb bei meinen Eltern", sagt Ramona Schön. Die Enkelin besaß ohnehin eine sehr enge Bindung zu ihren Großeltern. Vom Urlaub in der mecklenburgischen Heimat abgesehen, konnte Ramona Schön ihre Tochter aber auch einmal in Kroatien in die Arme schließen. Vier Wochen lang, solange, wie ein Kuraufenthalt für die kranken Kinder dauerte, durfte Susann ihre Mutter an der Adriaküste besuchen. „Unsere vielleicht schönste Zeit", erinnert sich die Kindergärtnerin heute. Die Zeit der Wende und des politischen Umbruchs in der alten Heimat verpasste Ramona Schön, erst im November 1990 kehrte die junge Frau zurück. Susann, die Enkelin mit der ganz engen Beziehung zu Opa und Oma, blieb auch dann bei den Großeltern und in der gewohnten Umgebung, als Ramona Schön wieder im Lande war und in Siedenbollentin bei Altentreptow im Kindergarten arbeitete. Bis 1994. Der große Umzug war allerdings längst geplant. Gemeinsam mit ihrem späteren Ehemann wollten sie zusammen nach Neustrelitz ziehen, Bauland war gekauft, die Pläne für ein Mehrgenerationenhaus lagen auf dem Tisch. „Wir wollten alle gemeinsam einziehen", erzählt Ramona Schön, „meine Eltern, mein Mann, Susann und ich". Und Susanns künftiger Bruder. Im August 1994 war Ramona Schön schwanger in der 22. Woche. Für den 16. August war die Hochzeit in Neustrelitz geplant, die Vorfreude war riesengroß. Am 11. August, einem Donnerstag, fuhren Ramona Schön und ihr Lebensgefährte gemeinsam nach Neustrelitz zu den Schwiegereltern. Es galt hier, die letzten Vorbereitungen für die Hochzeit zu organisieren und alle restlichen Details zu besprechen.

Die Nacht über, so war der Plan, wollte das künftige Brautpaar in der ehemaligen Residenzstadt verbringen und am nächsten Tag zurückkehren nach Malchin. Die Tage mitten im August versprachen, anstrengend zu werden – aber schön. Auch Susann freute sich auf die Hochzeit und darauf, ihre Mutter als eine Braut zu sehen. Aber – das zehnjährige Mädchen sollte beides nie erleben.

„Ich sehe noch heute ihr Gesicht vor mir", erinnert sich Ramona Schön, „als ich mich damals von ihr verabschiedet habe. Es war ein fröhliches Gesicht mit dunklen strahlenden Augen darin. Susann drückte mich und sagte. Bis morgen! Ihre kleine Hand winkte uns zu, und ich ahnte nicht, dass ich mein Kind das letzte Mal sah".

Als am frühen Donnerstag Abend gegen 18 Uhr Susann noch nicht zu Hause war, brach nicht sofort bei den Großeltern Panik aus. Obwohl bei einem Blick aus dem Fenster in Richtung Spielplatz weder Susann noch einer ihrer Spielgefährten zu sehen waren. Nicht selten, dass sich die Kinder einen anderen Ort zum Spielen und Toben gesucht hatten. Oder dass sie beschlossen, in einer der Wohnungen weiter zu machen. Zumal es am späten Nachmittag begonnen hatte zu nieseln. Aber mit jeder Minute, die verging, wuchs bei den Großeltern die Unruhe. Erst recht, als eine Suche nach der Enkelin im Wohngebiet keine Susann zum Vorschein brachte und ganz besonders, als telefonische und persönliche Umfragen unter Susanns Freunden und Freundinnen zu keinem Ergebnis führten. Susann war verschwunden. Das mussten sich jetzt auch die bis ins Mark erschütterten Großeltern eingestehen. Wo war Susann? Was ist passiert? Warum kommt das Mädchen nicht nach Hause – so, wie sich das gehört und wie sonst immer? Gegen 22 Uhr alarmierten die Großeltern die Polizei: „Bitte helft ganz schnell. Unsere Enkelin ist verschwunden".

Bei Nachrichten wie dieser läuft bei der Polizei die Maschinerie sofort auf Hochtouren. Anders als bei Erwachsenen, die aus ihrem gewohnten Lebensumfeld verschwinden und wo kein konkreter Verdacht auf eine Straftat oder einen Suizid vorliegt, existiert bei vermissten Kindern – wie bei hilfebedürftigen Erwachsenen – keine „Schonfrist", der Apparat setzt sich sofort in Gang. Zumal dann, wenn die ersten Recherchen bei den Angehörigen das Bild eines Kindes zeichnen, das sich nicht um einen „notorischen Ausreißer" handelt. Wie bei Susann. Das Mädchen war die Zuverlässigkeit in Person. Wenn die junge Malchinerin am späten Abend immer noch nicht zu Hause war und kein Bekannter etwas über ihren Verbleib sagen konnte, musste etwas Schlimmes geschehen sein. Entweder hat sie einen Unfall erlitten, liegt irgendwo hilflos und kann sich nicht bemerkbar machen, oder es musste etwas Schrecklicheres in Betracht gezogen werden. Daran zu denken, weigerte sich am Donnerstag Abend aber noch jeder – außer den ermittelnden Beamten der Polizei. Die müssen, ihre Pflicht, an alles denken. Malchiner Polizisten machen sich auf die Suche, aber auch die können Susann nicht finden.

„Bis die Fahndung richtig professionell anlief und wir das Gefühl hatten, jetzt wird endlich alles getan, um Susann zu finden, verging viel Zeit", macht Ramona Schön ihrem Herzen heute noch Luft. Die Mutter erhielt den vernichtenden Anruf, nach dem nichts mehr so war wie früher, erst am ganz zeitigen Freitag Morgen. Erst dann blieb den verzweifelten Großeltern nichts anderes mehr übrig, als ihre Tochter in Neustrelitz mit dem entsetzlichen Geschehen zu konfrontieren. Bis jetzt hatten sie mit der Übermittlung der Nachricht an die schwangere Frau gewartet, immer in der Hoffnung, Susann findet sich doch noch ein. In einem kleinen Büchlein hat sich Ramona

Schön mehr als zehn Jahre später versucht, ihre Qualen von der Seele zu schreiben. Darin erinnert sie sich an die Nacht in Neustrelitz. Die Nacht, in der Susann schon nicht mehr da war: „Ich schlief in dieser Nacht sehr unruhig. Es war nicht die Unruhe vor der bevorstehenden Hochzeit, es war ein Gefühl, das zu beschreiben ich nicht in der Lage war. Mir war, als hätte ich an einem anderen Ort sein müssen, als wäre etwas geschehen. Heute glaube ich, dass ich damals das Sterben meines Kindes miterlebt habe!"

Sofort machte sich Ramona Schön auf den schlimmen Weg. „Als wir auf dem Parkplatz vor dem Neubau ankamen, sah ich schon die vielen Polizisten, Mannschaftswagen, fremde Männer mit ernsten Gesichtern. Einige gingen in den Aufgang, in dem meine Eltern wohnten. „Erst kurz, bevor sie in Malchin eintraf, hatte auch das zuständige Fachkommissariat aus Neubrandenburg die Vermisstensache Susann Jahrsetz in seine Hände genommen. Zehn Stunden nach der ersten Vermisstenmeldung, beklagte sich Ramona Schön später als Gast in diversen Fernsehsendungen. Und auch erst 36 Stunden nach dem Verschwinden des kleinen Mädchens hingen in Malchin und Umgebung die ersten Suchplakate aus – am übernächsten Tag. Solange brauchte die Polizei damals, 1994, um eine Druckerei zu finden, die schnell in der Lage war, die Plakate zu drucken. Jetzt wussten auch diejenigen, die bis dahin noch die Suchmeldungen nach Susann im Nordkurier überlesen hatten, was Schlimmes in ihrer kleinen Stadt geschehen war: Ein Mädchen ist spurlos verschwunden. Überall hingen die Plakate mit Susanns Foto. Ein fröhliches Gesicht, die Haare zu zwei Zöpfen geknüpft, ein Muttermal unterhalb des linken Mundwinkels. Am Tag ihres Verschwindens trug Susann eine pinkfarbene Radlerhose und ein weißes T-Shirt. Die Suche nach dem kleinen Mädchen beherrschte ab sofort alle Gespräche in der Kleinstadt. Wann hatte es das schon mal in Malchin gegeben? Im Fernsehen war erst vier Tage später etwas darüber zu sehen und zu hören. So lange hatte Ramona Schön gebraucht, um das TV für das Thema zu sensibilisieren.

„Wie ich das damals geschafft habe, überhaupt weiter zu leben, weiß ich gar nicht mehr", sagt Ramona Schön heute. „Aber einer in der Familie musste funktionieren, die Jacke habe ich mir angezogen." Ihre Eltern, völlig am Boden zerstört, seien dazu nicht mehr in der Lage gewesen. Der Stress und die Angst waren damals so groß, dass bei der erst in der Mitte der Schwangerschaft angekommenen Frau die Wehen einsetzten. Bis zu ihrem Lebensende, ist Ramona Schön ihrer Frauenärztin dankbar, stehe sie in der Schuld der Medizinerin, die dank ärztlicher Kunst und ganz viel Einfühlungsvermögen dafür gesorgt hat, dass die Schwangerschaft zu einem guten Ende gebracht werden konnte.

Inzwischen war, einen Tag nach Susanns Verschwinden, eine der aufwändigsten Suchmaßnahmen in der Geschichte der hiesigen Polizei angelaufen. Wilfried Maschke von der Neubrandenburger Kripo leitet damals die Ermittlungsgruppe, die nach der vermissten Susann fahndete. Tagelang kamen Maschke und seine Leute seinerzeit nicht aus ihren Sachen, an Schlaf war nicht zu denken. Hunderte Beamte durchkämmten Malchin und Umgebung, suchten in jeder Mülltonne und jedem Torfloch nach einer Spur, befragten Hunderte Einwohner. Ohne jede Spur, die Ermittler fanden nicht den kleinsten Anhaltspunkt, der möglicherweise Aufschluss über das Schicksal des Mädchens geben könnte. Entnervt und niedergeschlagen musste Maschke im Oktober die Leitung der Ermittlungsgruppe abgeben. Wo war Susann – die Frage beherrschte alle. Und – was war mit ihr geschehen? Denn mit zunehmender Erfolglosigkeit bei der Suche mussten sich die erfahrenen Ermittler langsam eingestehen, am Schauplatz eines Verbrechens zu stehen. Aber – niemand hatte das Mädchen gesehen.

Nur soviel wussten die Frauen und Männer von der Kripo: Als an jenem Freitag Nachmittag Nieselregen einsetzte, verließen Susann und ihre beiden Freunde den Spielplatz. Die beiden anderen liefen durch den hinteren Kellereingang ins Haus – Susann nicht. Der Keller nämlich, so hatten es ihr die Großeltern eingeschärft, war zum Spielen tabu. Daran hielt sich das Mädchen. Nur – was dann mit Susann geschah, weiß bis heute niemand. Wahrscheinlich ist, dass die Schülerin außen um den Block herum lief, um zum Eingang der großelterlichen Wohnung zu gelangen. Ein Weg von nur wenigen Dutzend Metern. Am Giebel des Hauses befand sich ein nur wenige Meter breiter Durchgang, der an der anderen Seite von einer Mauer begrenzt war, dahinter begann das Grundstück eines Malchiner Betriebes. Wenn Susann also diesen Weg gewählt hatte – wie zuvor auch schon hunderte Male – dann musste sie diesen Durchgang passieren, eine andere Möglichkeit gab es nicht. Nur – niemand hat sie wieder an der Vorderseite des Wohnblocks ankommen sehen. Ein Fakt, der die Ermittler zur Verzweiflung brachte. Kein einziger Nachbar oder Passant hat das kleine Mädchen wahrnehmen können. „So etwas", sagte der damalige Neubrandenburger Kripo-Chef Horst Müller, „habe ich noch nie erlebt". Selbst akribisch angefertigte sogenannte Bewegungsbilder – alle Zeugen und Nachbarn mussten angeben, wo sie in der fraglichen Zeit gewesen sind und was sie gemacht haben – brachten nichts ein. Niedergeschlagenheit ist ein zu schwaches Wort, um das Stimmungsbild der Ermittler schon nach den ersten Tagen zu beschreiben. Denn jeder der eingesetzten Beamten wusste: Sind nach dem Verschwinden von Kindern mehrere Tage verstrichen, dann muss schnell das Allerschlimmste befürchtet werden: Missbrauch, Tötung, im besten Fall noch Kindesentzug ins Ausland. Ein Wettlauf mit der Zeit beginnt. Die ersten Stunden nach Verschwinden eines Kindes sind die wichtigsten, dann sind die Chancen am größten, Spuren zu entdecken und das Kind unbeschadet wieder zu finden. Die Zeitspanne war im Fall der Susann Jahrsetz aber längst verstrichen.

# ■ Der Verdacht

Susanns Mutter erinnert sich an die furchtbare Zeit: „Die Nächte waren schlimm. Wenn es regnete, oder der Wind rüttelte an den Dachrinnen, sah ich mein Kind unter einem Baum liegen mit gebrochenen Beinen, rufend und weinend... Und wenn ich nach kurzem, unruhigem Schlaf wach wurde, wünschte ich mir, dass alles nur ein böser Traum gewesen sei und dass Susann gleich ins Zimmer treten würde mit ihrem fröhlichen: Guten Morgen, mein Mütterlein!" Ramona Schön ging damals alles zu langsam bei der Suche der Polizei, sie hatte nicht den Eindruck, dass die alles für ihr Kind

*In diesem Wohnblock wohnte Susann bei ihren Großeltern.*

tun würden. „Ich wurde damals von einer geradezu fieberhaften Unruhe befallen. Alle Maßnahmen, die ich zu Susanns Finden erlebte, schienen mir zu spät, zu behäbig, nicht intensiv genug." Das kleine Malchiner Mädchen blieb verschwunden.

Dabei hatten die Ermittler seinerzeit – unbemerkt von der Öffentlichkeit – bereits wenige Tage später schon einen Nachbarn der Großeltern, der im Aufgang daneben wohnte, im Visier. Nicht von ungefähr, denn Nachbar B. war einschlägig vorbestraft. Als 19-Jähriger tötete er 1986 in der Umgebung von Woldegk, einem kleinen Städtchen östlich von Neubrandenburg, ein 14 Jahre junges Mädchen und wurde dafür von einem Gericht in der DDR zu einer 15-jährigen Freiheitsstrafe verurteilt, ohne sie bis zum Ende absitzen zu müssen. Josef Kusturin, ein leider schon verstorbener Kriminalhauptkommissar der Neubrandenburger Kripo, der selbst unter seinen hartgesottenen Kollegen als Legende in Sachen Aufklärung galt, erinnerte sich Jahre später: „B. war erst kurz zuvor dort in Malchin Am Zachow eingezogen, das wussten wir nicht. Bei seinem Umzug aus dem Kreis Mecklenburg-Strelitz sind die polizeilichen Unterlagen zu seiner Vorstrafe, er stand ja noch unter Bewährung, nicht mit umgezogen. Wer weiß, was gewesen wäre, hätten wir davon sofort Kenntnis gehabt."

Ein paar Mal holte ihn die Kripo damals aus einem Betrieb in Malchin ab, wo B. nach der Entlassung aus der Haft einen Job gefunden hatte. Als ruhig und zurückgezogen war der Mann in der Firma bekannt. An dem Abend des Verschwindens von Susann hatte ihn, der im vierten Stock des Nachbaraufgangs lebte, niemand gesehen. Und trotzdem verheddert er sich in den Vernehmungen bei der Kripo. Denn er sagte ganz ungefragt aus, in der betreffenden Zeit mit seinem Moped unterwegs gewesen zu sein. Angeblich sollte ihn der Weg in sein Heimatdorf in die Nähe von Woldegk führen. Dabei hatte er – auch das sagte er ganz ungefragt in den Vernehmungen den verblüfften Verhörern – einen blauen Müllsack, den er quer übers Moped liegend, mit sich führte. „Und wo ist der Sack, und was war da drin?", wollten die ganz hellhörig gewordenen Beamten wissen, im Vorgefühl des Erfolgs. Werkzeug war drin, lautete die Antwort. Aber wo der Sack geblieben ist, konnte oder wollte der junge Mann nicht mehr sagen. Denn – schon außerhalb der Stadtgrenzen Malchins, an der Ausfahrt nach Pinnow, sei ihm eingefallen, zu Hause etwas vergessen zu haben. Er will den Müllsack im Gebüsch an der Straße abgelegt haben, sei zurück gefahren, und als er ihn später wieder aufs Moped packen wollte, war der Sack verschwunden. Wohl geklaut, zuckte B. mit den Schultern. Die eilends an den beschriebenen Ort rasenden Beamten suchten viele Stunden nach dem möglichen Korpus Delicti, indes blieb der ominöse Müllsack verschwunden. Wieder nichts. Trotzdem ersuchte die Staatsanwaltschaft damals das Malchiner Amtsgericht um einen Haftbefehl für B. Vergeblich, die Richter verwarfen das Ansinnen. Das entscheidende Indiz, die Leiche, fehlte.

B. indes machte weiter auf sich aufmerksam. Denn gar nicht lange nach Susanns Verschwinden und seinen Vernehmungen bei der Kripo stand das Wohngebiet Am Zachow erneut unter Schock. Der Schrecken hatte damals einen Ursprung in B.'s Wohnung. An die gewaltige Explosion konnte sich noch Jahre jeder erinnern in dem Aufgang des Plattenbaus. Die Einraumwohnung im vierten Stock war damals total verwüstet. Sämtliche Wohnungstüren mussten ausgewechselt werden. „Die Durchreiche meiner Küche hätten sie sehen sollen", sagt die Nachbarin Irmgard G. dazu. Gasexplosion

# Susann wie vom Erdboden verschluckt

## Zehnjährige aus Malchin immer noch verschwunden – Im Wohngebiet hat niemand etwas gesehen

*Von unserem Redaktionsmitglied Thomas Beigang*

Malchin. Susann ist ein fröhliches Mädchen. Sie gehen ihre Freunde. Susann ist eine gute Schülerin, meinen ihre Klassenkameraden. Sie ist höflich und nett, so ihre Lehrerin. Und

*Susann Jahrsetz*

sie ist zuverlässig, unterstreichen ihre Großeltern ganz dick. Susann sagt immer, wo sie hingeht.

Aber Susann Jahrsetz ist verschwunden. Gestern schon den sechsten Tag. Als sie sich am frühen Freitagabend von ihren Freunden auf dem Hof verabschiedet hat, ist sie das letzte Mal gesehen worden.

### Bis zum Giebel

Wilfried Maschke, der Leiter des Einsatzstabes, hat tiefe Ringe unter den Augen. Seitdem der Neubrandenburger Leiter des Sachgebietes elf – Leben und Gesundheit – am Sonntag die Ermittlungen übernommen hat, ist er nur einmal zu Hause gewesen. Über 200 Beamte waren es insgesamt schon, die sich an der Suche nach dem Malchiner Mädchen beteiligt haben. Ergebnis – gleich null. Maschke, seit 1971 bei der Kripo, hat so etwas noch nicht erlebt. „Man muß sich das mal überlegen: Wir sind hier mitten in einem dicht bevölkerten Wohngebiet. Und niemand hat etwas gesehen oder gehört."

Die Polizei weiß nur soviel: Susann Jahrsetz spielte am späten Freitagnachmittag gemeinsam auf dem Hof des Neubaublockes Am Zachow. Als es kurz vor sechs anfing zu regnen, gingen die Kinder. Die Jungen durch den Kellereingang ins Haus, Susann um den Giebel herum. Aber niemand der vielen Nachbarn, die auf den Balkons standen oder vom Einkauf kamen, hat sie vorn ankommen sehen. „Wir haben alle Bewohner des Blockes und der Nachbarhäuser befragt. Ohne Ergebnis."

Vermutungen, denen zufolge das Mädchen vielleicht ausgerissen sei, weist Maschke von sich. Das würde überhaupt nicht zu ihrer Persönlichkeit passen. Auch sei ihr von klein auf eingeschärft worden, „nie zu fremden Männern ins Auto zu steigen". Aus diesem Grund hat die Kripo ihre Suche auf das Wohngebiet konzentriert. „Aber wenn sie nun doch zu jemandem, den sie vielleicht kannte und daher kein Mißtrauen hatte, eingestiegen ist, haben wir bei denkbar schlechte Karten", so der Kriminalhauptkommissar Maschke weiter.

### „Nur" eine Vermißtensache

Die kleine Susann lebt seit vielen Jahren bei ihren Großeltern in Malchin, weil ihre Mutter lange Zeit im Ausland gearbeitet hat. Auch als sie wieder hier war, blieb Susann bei Oma und Opa, um nicht die Schule wechseln zu müssen, denn die Mutter lebt inzwischen bei Altentreptow. Am Dienstag wollte sie ihren Lebensgefährten heiraten. Und Susann hat sich auf einen kleinen Bruder gefreut, denn ihre Mutter ist schwanger.

„Man kann uns keinen Vorwurf machen, bisher nicht alles versucht zu haben", nimmt Wilfried Maschke Kritikern am Polizeieinsatz den Wind aus den Segeln. Sämtliche Keller seien durchsucht, Fährtenund Leichenhunde seien eingesetzt worden. Gestern noch durchforsteten Beamte Flußläufe und Torflöcher. „Aber", sagt Maschke und reibt sich die Augen, „bisher berechtigt uns nichts, von einem Kapitalverbrechen zu sprechen. Höch-

stens die Persönlichkeitsstruktur des Mädchens, das noch nie ausgerissen ist oder ohne Abmeldung verschwand. Noch aber ist das die ganze Geschichte eine Vermißtenanzeige."

Obwohl – und das wissen die erfahrenen Männer genau, die Wahrscheinlichkeit mit jedem Tag geringer wird, das Mädchen noch lebend zu finden.

### Akribische Kleinarbeit

Vielleicht haben sie aber doch etwas gefunden. Bei der Vernehmung der Anwohner gab einer an, mit seinem schwarzen Moped Yamaha am Freitag abend auf der B 104 unterwegs zu seinen Eltern gewesen zu sein. Vorn auf dem Fahrzeug hatte er einen großen blauen Müllsack „voller alter Mopedersatzteile". Weil er seine Brieftasche vergessen hatte, warf er den Müllsack am Abzweig Pinnow ins Unterholz und kehrte um. Bisher hat die Polizei den Müllsack aber nicht gefunden.

Deshalb möchte die Kripo wissen, ob jemand am Freitag zwischen 21 und 23 Uhr jenen Mopedfahrer oder seinen blauen Müllsack gesehen hat. Eine vage Spur, das weiß auch Wilfried Maschke. Aber die Ermittler beißen sich an allem fest, was sie finden. Eine andere Möglichkeit haben sie nicht mehr. Minutiös muß jetzt die gesamte Personenbewegung am Freitag abend kurz vor und kurz nach 18 Uhr festgestellt werden. Vielleicht hat ja doch jemand etwas gesehen.

„Sechs Tage und so gut wie keine Spur", schüttelt Maschke mit dem Kopf, „das habe ich bisher auch noch nicht erlebt."

*Hier – auf dem Hof der Malchiner Straße Am Zachow spielte sie zuvor noch mit anderen Kindern. Seit Freitag ist sie verschwunden. Kurierfotos: Beigang*

*Um diesen Giebel ging Susann Jahrsetz – und ward nicht mehr gesehen.*

*Zeitungsausschnitt vom 18. August 1994/Nordkurier*

durch eine Propanflasche, obwohl doch Gas in diesen Aufgängen eigentlich niemand benötigt. Am Zachow war damals schon die Rede davon, dass der Mann im vierten Stock wohl etwas vertuschen wollte. Und irgendetwas mit dem Verschwinden von Susann Jahrsetz zu tun hat. Aber auch Zweifel an der Version wurden laut: „Ich traue ihm das eigentlich nicht zu, weil er ein bisschen schusselig war", meint Vera Bö., eine damalige Nachbarin. „Obwohl", fügt sie dann hinzu, „gruselig anzusehen, war er schon. Wenn er die Treppe runterkam, hatte er immer schon seinen Sturzhelm auf." Eine andere: „Etwas unheimlich kam er mir auch immer vor. Man hat ihn kaum gesehen, und er hatte zu niemandem Kontakt hier", berichtet Irmgard G. „Er kam abends spät und war frühzeitig schon wieder weg. Immer mit dem Moped. Und er hat auch nicht gegrüßt", erinnert sich Margarete T. Für die vorsätzlich herbeigeführte Gasexplosion wurde B. später verurteilt. Aber – ob der Mann damit bezweckte, eventuelle Beweismittel, die trotz intensiver Suche von der Kripo nicht gefunden wurden, zu vernichten, auch das konnte B. nicht nachgewiesen werden. Wie denn auch, jetzt noch?

Die Monate und Jahre verstrichen – ohne neue Erkenntnisse. Ramona Schön, Susanns Mutter, klammerte sich an die Hoffnung, Susann lebt noch. Irgendwo und wird dort von irgendwem daran gehindert, nach Hause zurückzukehren oder sich wenigstens zu melden. „Zeit eilt, Zeit heilt", schreibt Susanns Mutter Jahre später, „Und ich glaube, dass es ein kluges Sprichwort ist. Der Alltag nahm wieder Besitz von uns und ließ uns nicht jede Minute des Tages an das Schicksal von Susann denken. Doch nur allzu oft musste ich erfahren, dass die Gedanken an meine Tochter nicht verdrängt irgendwo in mir ihre Ruhe gefunden hatten, sondern nur von einer ganz dünnen Schicht des Vergessens überzogen waren, jederzeit bereit wieder lebendig zu werden".

Die tiefe Verzweiflung in der Familie und ganz besonders die unerklärlichen Umstände des Verschwindens ohne die geringste Spur ließen viel Raum für Spekulationen. Nur ein Beispiel dafür: Ein Jahr, bevor Susann aus heiterem Himmel nicht mehr gesehen wurde, trug sich eine ähnliche haarsträubende Geschichte im benachbarten Schleswig-Holstein zu: Seike aus Nordfriesland nahm sich ihr Fahrrad und fuhr vom Haus der Großeltern wieder zurück auf den elterlichen Hof. Für diesen kurzen Weg hatte sie noch nie lange gebraucht. Aber an jenem 5. August 1993 ist Seike nie angekommen. Stunden später fand die Polizei nur ihr Fahrrad, ordentlich neben einem Maisfeld abgelegt.

Zwei Schicksale, die sich fast aufs Haar glichen. Die Kinder sind gleichaltrig, beide wuchsen bei den Großeltern auf, beide verschwanden auf einem gewohnten, viele Male gegangenen oder gefahrenen Weg. Und in beiden Fällen hatte die Polizei, was äußerst selten ist, nicht den Hauch einer Spur. Dazu kam, beide Kinder verschwanden im August. Die Großmutter aus Schleswig-Holstein hatte die Geschichte des Malchiner Mädchens in einer Illustrierten gelesen. Die Parallelen waren für sie übermächtig, sie setzte sich an einem Tag im Jahr 1995 hin und schrieb einen Brief nach Malchin und telefonierte. Das gemeinsame Leid verband schnell.

Ein Team des Norddeutschen Rundfunks brachte die zwei Großeltern-Paare im August 1995 in Malchin zusammen. Deren Redakteur Gregor Petersen wollte einen Film drehen über vermisste Kinder und vor allem darüber: Wie lernt man, mit der Ungewissheit zu leben? Kann man das überhaupt? Susanns Großvater konnte damals nicht viel dazu sagen. Wenn Susann einem Verkehrsunfall zum

Opfer gefallen wäre, sagte der damals 55-Jährige, und sie wäre gestorben, ganz schrecklich für alle. Wahrscheinlich das Schlimmste, wie immer, wenn jemand vor seiner Zeit stirbt. Aber, sagte Susanns Großvater seinerzeit, man müsste damit leben lernen und würde es vielleicht sogar schaffen. Aber in ihrem Fall? Wenn immer, wie klein ein Zipfelchen Hoffnung auch sein mag, die Ungewissheit das Leben bestimmt. „Was passiert gerade mit ihr", fragte er, auf seiner Straße in Malchin stehend, „hat sie leiden müssen, oder leidet sie gar noch immer?" Die Ungewissheit sei das Allerschlimmste, damit könne er nicht umgehen, ließ er wissen. Seikes Großvater, der neben dem Malchiner stand und ihn umarmte, nickt: Als würde es genau so stimmen.

Susanns Opa, der damals auf eigene Faust 10 000 Mark Belohnung für das Aufspüren seiner Enkelin aussetzte, fing vor lauter Verzweiflung an, selbst an Absonderliches zu glauben. „Wie soll ich auch nicht", meinte er, sich damals im August 1995 verteidigen zu müssen, „wo doch niemand etwas gesehen oder gehört hat? Manchmal lese ich so Sachen über Ufos, die in regelmäßigen Abständen auf die Erde kommen und Menschen entführen. Dann denke ich manchmal, genau das muss deiner Susann wohl auch geschehen sein."

Erklärungen hatte Seikes Großvater auch nicht. Nur kurze Zeit, nachdem das Verschwinden seiner Enkelin entdeckt wurde, suchte nicht nur die Polizei, sondern das ganze Dorf kämmte die Umgebung durch. Die Feuerwehr, die Jäger, alle Nachbarn suchten. Aber bis auf das abgelegte Fahrrad fanden sie nichts. Das Schicksal der kleinen Seike ist bis heute ungeklärt.

Und Susanns Mutter? Wie lebte Ramona Schön weiter, ein und zwei und drei Jahre nach dem Verschwinden ihrer Tochter, mittlerweile hatte die Familie längst ihr „Hüsung" in Neustrelitz aufgebaut.

In ihren Erinnerungen schreibt sie: „Ganz sacht glitten wir in den Alltag hinein, der uns vieles abforderte. Ich bekam eine Arbeit, die Gestaltung unseres Anwesens war schön und anstrengend zugleich, und da war noch unser Sohn, dem ich meine ganze Aufmerksamkeit widmete. Ich erzählte ihm von seiner Schwester".

# ■ Traurige Gewissheit

Vier Jahre wurde Susann schon gesucht, und fast auf den Tag genau vier Jahre nach ihrem Verschwinden wurde aus der Vermisstensache ein Tötungsdelikt. Die Ermittlungen liefen wieder heiß. Arbeiter hatten an einem Augusttag im Jahr 1998 zwischen den Gemeinden Carolinenhof und Varchentin eine Kinderleiche in einem fünf Meter tiefen Abwasserschacht mitten auf einem Feld entdeckt. Der Fundort befand sich unweit der Bundesstraße 194 nordöstlich von Waren. Sofort eilte die Neubrandenburger Kripo zu dem grausigen Fund. Frank Taggesell, der im Herbst 1994 die Leitung der Susann-Ermittlungsgruppe von Wilfried Maschke übernahm, erinnert sich an jenen Tag: „Ich bin selbst in den Schacht gekrochen. Und eigentlich war mir schnell klar, dort konnten nur die sterblichen Überreste von Susann Jahrsetz liegen. Ich wusste, welche Sachen Susann an dem Tag ihres Verschwindens trug und habe die gleich erkannt." Nur wenige Tage brauchte die Gerichtsmedizin, um zu bestätigen, was der Kriminalist und seine Kollegen schon ahnten: Die Suche nach Susann hatte ein Ende. In dem Abwasserschacht lag die Leiche des kleinen Mädchens.

Susanns Mutter war an jenem Tag zufällig dienstlich in Neubrandenburg, als sie eine Nachricht der Polizei ereilte, die um ein sofortiges Treffen bat. In der Dienststelle eröffnete man ihr, Susann gefunden zu haben. „Diese Nachricht versetzte mir keinen Schrecken", erinnert sich Ramona Schön. „In Sekundenschnelle überlegte ich mir, wie ich es nun anstellen müsste, Susann abzuholen. Ob ich allein fahren könne, oder..." Dann aber folgte die schlimmste aller Nachrichten: „Wir haben die Überreste des Körpers Ihrer Tochter gefunden!" Nur langsam begriff Ramona Schön, was der Beamte ihr gesagt hatte: Susann war tot. „Ich war unfähig zu denken, wollte schreien, weinen, ich weiß nicht, was alles in den Minuten danach geschah." Ein Streifenwagen brachte die trauernde Mutter zurück, Zuhause warteten schon Polizisten und ein Arzt. „Man fuhr uns zum Fundort, etwa 45 Kilometer weit. Bei ihr noch Ohrringe aus Rotgold, ein Geschenk ihrer Großmutter. In der Gerichtsmedizin hatten die Fachleute durch Gebissuntersuchungen zweifelsfrei Susanns Identität feststellen können." Im September konnte Susann beigesetzt werden. „Kraniche flogen über uns hinweg, als wollten sie grüßen", weiß die leidgeprüfte Mutter noch. „Susann hatte ihren ewigen Frieden gefunden, aber ich werde erst zur Ruhe kommen, wenn wir ihren Mörder gefasst haben. Und das wird geschehen!", zeigt sich Ramona Schön in ihren Erinnerungen überzeugt.

Mit der Auffassung stand die Neustrelitzerin nicht allein. Polizei und Staatsanwaltschaft verloren keine Zeit mehr.

Am 28. August war den beiden Neubrandenburgern, Harald Mück, damals Chef der Kriminalpolizeiinspektion, und Frank Taggesell, Leiter des Fachkommissariats „Leben und Gesundheit", die Genugtuung förmlich anzusehen, als sie den Staatsanwalt Frank Bethke verkünden lassen konnten, ein 31 Jahre alter Mann sei tags zuvor auf seiner Arbeitsstelle unter dem dringenden Tatverdacht verhaftet worden, etwas mit dem Tod von Susann Jahrsetz zu tun zu haben. Man verfüge über genügend Indizien, hieß es. Ein kleiner

# Trauriges Ende einer jahrelangen Suche

## Die Polizei verdächtigt im Mordfall Susann Jahrsetz einen noch schweigenden früheren Nachbarn

*Susann Jahrsetz*     Foto: dpa

Von unserem Redaktionsmitglied
*Thomas Beigang*

**Neubrandenburg.** Es gibt ungelöste Fälle, die lassen einen nicht los. Die selbst nach Jahren noch und trotz ungezählter anderer Einsätze immer in Polizistenhirnen herumspuken. Die man verdrängen will, weil sich dann immer das schlechte Gewissen meldet. Obwohl – objektiv gesehen – alles Menschenmögliche getan wurde. Doch wo immer der kleine Stachel bleibt: Was hast du übersehen?

Der Fall des seit dem 12. August 1994 vermißten zehnjährigen Mädchens Susann Jahrsetz war so einer. Spurlos ist die kleine Malchinerin damals auf dem Weg vom Hof bis in die großelterliche Wohnung – nur um den Neubaublock herum – verschwunden. Binnen zwei oder drei Minuten. Niemand von den Nachbarn oder Passanten, das ergaben die akribischen Befragungen der Polizisten seinerzeit, hatte etwas gesehen oder gehört. Keine Spur, kein Hinweis. Über 200 Beamte wühlten in Millionnen herum, arbeiteten sich durch Keller, durchforsteten Flußläufe und Torflöcher. Ergebnis gleich Null. Wilfried Masche, der damals verantwortliche Kripo-Mann, kam tagelang nicht aus den Sachen. Mit tiefen Ringen unter den Augen gestand er ein, nach über 20 Jahren als Ermittler so etwas noch nie erlebt zu haben.

### Aussage noch verweigert

Den beiden Neubrandenburger Kriminalpolizisten Harald Muck und Frank Taggesell ist deshalb die Genugtuung anzumerken, bei der er einen großen blauen Müllsack mit sich führte.

vor dem Zugriff haben sich die Vernehmer noch lange mit einem Psychologie-Professor unterhalten, wie möglicherweise ein Zugang zu dem Mann gefunden werden könnte. Wer der Verdächtige sei und wie man ihm letztendlich auf die Spur kam, darüber lassen Polizisten und Staatsanwalt nichts verlauten. Aus „ermittlungstaktischen Gründen", wie es heißt. Zu vieles wäre nur „Täterwissen", das wollen sie von ihm selbst hören.

Bekannt ist aber folgendes: Der 31jährige hat zur Tatzeit im selben Neubaublock gelebt wie Susann, ist schon zu DDR-Zeiten wegen Mordes verurteilt worden und kam vorzeitig wieder auf freien Fuß. Aber nicht nur das hat den Mann schon vor vier Jahren für die Ermittler interessant gemacht. Sondern eine am Abend des 12. August unternommene Mopedfahrt, bei der er

Schon erinnern die ersten Blumen an die ermordete Susann Jahrsetz. Die frischen Gebinde wurden an der Fundstelle der Leiche, einem Entwässerungsschacht auf einem Rübenacker nahe Carolinenhof (Landkreis Muritz), abgelegt.

später doch vor die Schranken des Gerichts muß. Wegen einer vorsätzlich in Richtung recherchiert. Sugar Europol war eingeschaltet. Am Ende hat dann aber doch die Ursprungsversion ge- ... seiner Wohnung herbeigeführten Gas-... vadetektiv, der vollmundig die Aufklärung des Falles versprach und der Großvater setzte eine Belohnung von ...

Wermutstropfen nur – der Mann würde noch schweigen und von seinem Recht auf Aussageverweigerung Gebrauch machen. Wie lange der das noch durchhalten könne, wusste damals keiner der beiden erfahrenen Beamten zu sagen. Dabei hatten sich die Vernehmer zwei Tage vor dem Zugriff noch lange mit einem Psychologie-Professor unterhalten, wie möglicherweise ein Zugang zu dem Mann gefunden werden könnte. Der Mann, dessen Identität die Polizei seinerzeit noch unter Verschluss hielt, war B., der damalige Nachbar.

„Wir hatten ihn immer auf dem Tablett", erinnert sich Frank Taggesell fast 20 Jahre später. Die dubiose Geschichte mit der Mopedfahrt und dem blauen Müllsack, die einschlägige Vorstrafe, vieles kam zusammen. „Und die Leiche", erzählt der Kriminalhauptkommissar, „lag dort, wo B. fast jeden Tag mit dem Moped vorbei fuhr". Der Verdächtige unterzog sich damals einer therapeutischen Behandlung im Schloss Wendorf, südlich von Möllenhagen gelegen. „Der kannte die Strecke ganz genau und wusste, wo etwas zu verstecken war. Er ist immer am Leichenfundort vorbeigekommen."

Der in der Untersuchungshaft sitzende Mann schwieg aber weiter. Selbst Josef Kusturin, zu DDR-Zeiten Leiter der Morduntersuchungskommission in Neubrandenburg und als Vernehmer eine Legende, biss sich an B. die Zähne aus. „Einige Male dachte ich, jetzt haben wir ihn, und er fängt an zu reden", spricht Taggesell weiter über einen der am meisten Aufsehen erregenden Fälle seiner Laufbahn. „Aber dann hat er doch wieder dicht gemacht." Dabei versuchten die Kriminalisten alles. Über seine Vernehmungen sagte Josef „Jupp" Kusturin einmal: „Ich habe einen Grundsatz, man kann alles im Leben verstehen. Nicht gutheißen, aber verstehen." Denn es gebe doch so viele Motive für eine Straftat oder Situationen.

So versuchte Kusturin in den Vernehmungen, ein Vertrauensverhältnis aufzubauen. „Nur nicht bluffen", sagt er. Natürlich heißt es, sich akribisch auf die Vernehmung vorzubereiten. Die Beweise müssen „wasserdicht" sein. Nur eben das Geständnis fehlt noch. Und das sei das Schwierigste. „Man muss sich mal überlegen, der soll dir was erzählen, was er am liebsten mit ins Grab nehmen würde." B. aber blieb standhaft. „Der hatte eben", urteilt Taggesell, „seine Erfahrungen im Umgang mit der Polizei". Aber – noch besaßen die Ermittler nur Indizien. Jedes für sich relativ schwach, aber in der Gesamtheit schien alles zu passen. Selbst blonde Haare, die man am Moped des Verdächtigen sicherstellen konnte. Nur konnte mit den damaligen Möglichkeiten nicht sicher bestimmt werden, ob die DNA zu der des verschwundenen Mädchens passte.

Monate später war die Euphorie verflogen, der Optimismus verschwunden, und was blieb, war mit Ernüchterung noch wohlwollend umschrieben. So sicher waren sich Polizei und Staatsanwaltschaft bei der Präsentation ihres Hauptverdächtigen, so viele Steine sind von den Kriminalisten-Herzen gefallen im Glauben, das Tötungsverbrechen endlich aufgeklärt zu haben. Nur eine Frage der Zeit schien es zu sein, bis Anklage erhoben werden könne. Die Indizien, so hieß es immer wieder, reichen aus – auch ohne Geständnis.

Aber schon im November mussten Kriminalisten und Staatsanwälte eine heftige Niederlage einstecken – der Verdächtige wurde auf Beschluss des Neubrandenburger Landgerichts wieder auf freien Fuß gesetzt. Die Justizbehörde gab der Haftbeschwerde von B.'s Verteidiger Joachim Kahl statt. Die Intervention der Staatsanwaltschaft nutzte nichts, Landgericht und auch das Oberlandesgericht in der Hansestadt Rostock

*Durch diesen Gang könnte Susann ihrem Mörder in die Arme gelaufen sein.*

kamen übereinstimmend zu dem Ergebnis, dass gegen den Beschuldigten „kein dringender Tatverdacht" vorliege. Eine schwere Schlappe. Umgehend erhielt die Polizei von der Staatsanwaltschaft den Auftrag, „nachzuermitteln". Zerknirscht musste damals der Leiter der Neubrandenburger Staatsanwaltschaft, Rainer Moser, zugeben, zum Zeitpunkt der Festnahme des Verdächtigen sei man wohl etwas zu euphorisch gewesen. Schon damals war klar: Wenn in der allernächsten Zeit kein neuer und entscheidender Beleg gefunden wird, der den Tatverdacht weiter erhärtet, kommt es zu keiner Anklage.

Selbst die Sorgfalt und das vorausschauende Denken von Kriminal-hauptkommissar Frank Taggesell nutzte nichts. Der Neubranden-burger hatte vier Jahre lang einige damals am Moped von B. gefun-dene Haare aufbewahrt – in der Hoffnung auf bessere Zeiten und das Voranschreiten von Wissenschaft und Technik. Diese Haare schickte Taggesell als dringende Dienstpost in das westfälische Münster, das gerichtsmedizinische Institut dort im Westen der Republik galt Ende der 1990-er Jahre als deutschlandweit führend in der Analyse von Haarproben – auch ohne den gleichermaßen genialen wie großmäuligen Professor Boerne aus der Tatort-Reihe in der ARD. Aber selbst die mussten – zum großen Leid von Tagge-sell und seinen Kollegen damals passen. Es war nicht möglich, aus der geringen Menge die DNA hundertprozentig sicher zu bestim-men. „Heute, mit dem jetzigen Stand des Wissens und der Technik", sagt der Neubrandenburger Ermittler, „wäre das mit an Sicherheit grenzender Wahrscheinlichkeit überhaupt kein Problem, die DNA zu identifizieren." Wenn er das geahnt hätte, seufzt Taggesell. Die Haare wären noch länger liegen geblieben und erst später zur Ana-lyse gesandt worden. Aber wer konnte das damals wissen – zumal die Kripo unter einem enormen Erfolgsdruck im Fall Susann stand. Nicht nur unter dem der Öffentlichkeit. Auch die Staatsanwaltschaft machte den Ermittlern – angesichts der erlittenen Blamage, die mit der Freilassung des Verdächtigen aus der Untersuchungshaft einher ging – mächtig zu schaffen. Unglaublich fast, an welche „Strohhalme" man sich seinerzeit klammerte. Allen Ernstes verlangte der damalige Leitende Oberstaatsanwalt nach dem Fund der Kinderleiche, die Neubrandenburger Kripo möge sich doch bitteschön und recht zügig mit Hellsehern in Verbindung setzen. Tatsächlich hatten zwei aus dem tiefen Westen stammende Männer, die von sich behaupteten, das zweite Gesicht oder den siebten Sinn zu besitzen, die Anklagebehörde angeschrieben und ihr Können angeboten. Ganz sicher seien sie, dem wahren Geschehen ans Tageslicht zu verhelfen, hieß es. Noch heute knirscht Frank Taggesell, der im Jahr 2018 sein 30-jähriges Jubiläum als Ermittler unnatürlicher Todesursachen begeht, mit den Zähnen, wenn er daran erinnert wird. „Ich musste wirklich zwei Kollegen abstellen, die mit den Hellsehern nach Malchin gefahren sind. Die standen dann eine Weile vor dem Haus herum und gaben eine Richtung vor, in die sich Susann damals bewegt haben soll. Zu viert tigerten die ewig durch dichtes Gestrüpp und fanden natürlich nichts." Vergebliche Mühe.

Taggesell, der heute noch nahezu jede Einzelheit aus den umfangreichen Ermittlungsakten parat hat, will auch nach so langer Zeit, sich und seinen Kollegen von damals keine Fehler vorwerfen, die möglicherweise im Fall Susann begangen worden waren. „Höchstens, dass ich die gefundenen Haare nicht noch länger liegen ließ." Sie seien jedem, tatsächlich jedem Hinweis nachgegangen, sagt er. Selbst Interpol, die internationale Kriminalpolizeiorganisation, wurde einbezogen. „Da gab es zum Beispiel Monate nach dem Verschwinden des kleinen Mädchens den Tipp von deutschen Urlaubern, die aus der Türkei zurückgekehrt waren. Die gaben an, dort eine Familie getroffen zu haben, in der ein Mädchen der vermissten Susann aufs Haar glich. Nur – die redeten untereinander auf Französisch". Kann man innerhalb weniger Monate eine fremde Sprache gut lernen? Egal, auch in der Sache wurde recherchiert. „Wir ließen über Interpol Ermittlungen anstellen, welche Familien zu dem Zeitpunkt genau dort im Urlaub waren." Die Polizei fand die Familie sogar. Nur – bei dem ähnlich wie Susann aussehenden Mädchen handelte es sich wirklich um die Tochter der Familie.

Eine Riesenmenge Arbeit bescherte der Kripo auch ein Neubrandenburger Privatdetektiv, der uneigennützig der Familie des vermissten Mädchens seine Hilfe anbot. Kostenlos wollte der arbeiten, so die Ankündigung. „Von wegen kostenlos", winkt die erzürnte Ramona Schön heute noch ab. Wohl an die 10 000 Deutsche Mark habe ihr Vater damals gezahlt. Alles für Spesen, die dem Detektiv entstanden sind. „Genutzt hat es nichts", urteilt Susanns Mutter. „Wir haben auch alles geprüft, was der uns auf den Tisch gelegt hat", erinnert sich Ermittlungsleiter Taggesell, „darunter war aber nichts, was wir nicht auch schon wussten oder was uns in irgendeiner Form weiter geholfen hat".

Die Zeit lief den Ermittlern davon.

# ■ Die Anklage

Dabei geriet der mit dem Mordfall Susann Jahrsetz beschäftigte Privatdetektiv im Jahr 2000 selbst ins Visier der Ermittlerbehörde. Die Staatsanwaltschaft in der Viertorestadt konnte sich nämlich seinerzeit nicht so recht erklären, woher der Mann sein Wissen über den Stand der Ermittlungen hat. Behauptete damals jedenfalls der Leitende Oberstaatsanwalt in Neubrandenburg, Rainer Moser. Zwei Wochen zuvor hatte der Privatdetektiv auf einer von ihm einberufenen Pressekonferenz die Behauptung aufgestellt, es gebe einen weiteren Tatverdächtigen. Das sah der Staatsanwalt als „sehr bedenklich" an. Dagegen könnte sich der Betroffene wegen übler Nachrede zur Wehr setzen, sagte Moser vor 17 Jahren. Der Detektiv sah nach seinen eigenen Aussagen diesen Ermittlungen gelassen entgegen. Alles, was er an Akten habe, sei ein Bericht des Oberlandesgerichtes, in dem der Staatsanwaltschaft weitere Ermittlungen gegen den bisherigen Beschuldigten untersagt wurden, setzte er sich zur Wehr. Diesen Bericht habe er von dem damals Tatverdächtigen selbst erhalten. Aus den Akten des Oberlandesgerichtes habe er auch die Erkenntnisse zu „seinem" Tatverdächtigen gewonnen. Der private Ermittler seinerseits hatte den Neubrandenburger Oberstaatsanwalt der Lüge bezichtigt. Anlässlich eines Interviews, so der Detektiv, habe Moser behauptet, der private Ermittler sei nicht bereit gewesen, sich als Zeuge vernehmen zu lassen und seine Quellen preiszugeben. Das würde nicht stimmen, behauptete der Privatdetektiv damals. Mit viel Getöse kündigte der Mann ein Jahr später die Zusammenarbeit mit Susanns Mutter auf, sie habe, verstieg er sich im August 2001 zu der Behauptung, kein Interesse mehr an der Aufklärung des Falls gezeigt.

Indes gerieten immer mehr die Scharmützel zwischen Staatsanwaltschaft und den Gerichten in den Mittelpunkt des Geschehens. Die Möglichkeit, dass es vielleicht zu keinem Prozess gegen den ehemaligen Nachbarn von Susanns Großeltern kommt, rief eine Familie auf den Plan, die Jahre zuvor Schreckliches durchstehen musste. „Der Prozess muss stattfinden", sagte dem Nordkurier damals der Vater des Mädchens, das 1986 durch die Hand von B. sterben musste. Der damals 19-Jährige lauerte der 14-Jährigen auf dem Heimweg von der Schule auf, missbrauchte das arglose Kind und tötete es. Gezielt hatte der Jugendliche an jenem 23. Mai 1986 auf das Mädchen gewartet. Da die 14-Jährige den jungen Mann auch flüchtig kannte, habe sie keinen Argwohn verspürt, als er ihr anbot, sie auf dem Moped nach Hause zu fahren. Nur kurze Zeit später ist sie tot gewesen. Ein DDR-Gericht verurteilte ihn dafür zu 15 Jahren Gefängnis. Später wurde die Strafe nach bundesdeutschem Recht in zehn Jahre Jugendhaft umgewandelt, nach zwei Dritteln der Strafzeit kam der Täter auf freien Fuß. Den Vater des Opfers erboste dies so sehr, dass er bei der Staatsanwaltschaft Anzeige gegen die Richter erstatten wollte, die B. die Freiheit wieder geschenkt hatten. Vergebens, die Anklagebehörde musste ihm klarmachen, dass die Freilassung auf dem Boden des Gesetzes stünde und niemand eine Pflichtverletzung begangen habe. Gemeinsam mit der Mutter von Susann fuhr der Vater des Opfers 1998 sogar zum damaligen Justizminister Mecklenburg-Vorpommerns, Rolf Eggert, um sich in der

Landeshauptstadt Schwerin für eine härtere Bestrafung von Sexual-straftätern einzusetzen. Der Schuldige am Tod seiner Tochter und Hauptverdächtige im Fall Susann war nach seiner Entlassung aus der Untersuchungshaft wieder in die Gegend, wo auch seine Eltern lebten, gezogen. Dort lebt auch die Familie der getöteten 14-Jähri-gen. Fast wöchentlich begegnete der Vater damals dem Schuldigen am Tod seiner Tochter. Aber unabhängig davon, sagte der Mann damals dem Nordkurier, werde er nie wieder richtig zur Ruhe kom-men. Seinen beiden jüngsten Kindern, die ihre älteste Schwester nie kennenlernten, kaufte er bald, kaum dass sie groß genug waren, die auch zu bedienen, Handys. Damit sie, erzählte er, sollte es einmal zu einer unvorhergesehenen Verspätung kommen, sofort zu Hause Bescheid sagen können.

Viel Bitterkeit sprach damals aus seinen Worten: „Wenn er das wirk-lich wieder gewesen ist", forderte der verwaiste Vater, „dann darf man ihn dieses Mal nicht so leicht davonkommen lassen. Überhaupt nicht mehr."

Genau das begehrten auch die Neubrandenburger Staatsanwälte und die Kriminalisten um Frank Taggesell. Und wagten einen neu-erlichen Versuch. Fast genau ein Jahr, nachdem die Ermittler zähne-knirschend mit ansehen mussten, wie der Haftbeschwerde gegen ihren Hauptverdächtigen statt gegeben wurde und der Mann aus dem Gefängnis spazieren konnte, erhob die Staatsanwaltschaft Neubrandenburg Anfang November 1999 Anklage gegen den mitt-lerweile 33-Jährigen. Wie Oberstaatsanwalt Moser für sich und seine Kollegen in Anspruch nahm, spreche eine Vielzahl von In-dizien dafür, dass der Mann die zehnjährige Susann Jahrsetz 1994 umgebracht und ihre Leiche versteckt habe. Von etwa 15 Indizien sprach der Behördenleiter in der Viertorestadt, „einige gewichtiger, andere weniger. Nimmt man sie alle zusammen, so ist unsere absolute Überzeugung, dass er das Mädchen umgebracht hat", sagte Moser. Das Ziel war klar: Die Eröffnung eines Hauptverfahrens. Aber schon gleichzeitig mit der Anklageerhebung zogen dunkle Wolken über der Staatsanwaltschaft zusammen. Denn einen heftigen Dämpfer mussten die Ankläger gleich wieder einstecken: Einen erneuten Haftbefehl gegen ihren Tatverdächtigen haben sie beim Neubrandenburger Landgericht nicht durchbekommen. Das Landgericht sah keinen dringenden Tatverdacht. Moser machte sich selbst Mut: „Bei der Eröffnung eines Hauptverfahrens gelten aber andere Kriterien", meinte er damals. Der Verteidiger des Beschuldigten, Joachim Kahl, frohlockte aber damals schon, weil er in der Ablehnung des Haftbefehls bereits eine Vorentscheidung für die Zulassung der Anklage sah: „Ich denke, das Gericht hat sich damit bereits festgelegt. Es ist doch auch im vergangenen Jahr nicht weiter ermittelt worden", sagte der erfahrene Strafverteidiger.

Kahl sollte recht behalten – eine Anklage gegen den Beschuldigten im Mordfall Susann sollte es nicht geben. Zwei Wochen nach der Anklageerhebung gab das Landgericht in der Viertorestadt bekannt, die Anklage der Staatsanwaltschaft abgewiesen zu haben. Begründung: Kein hinreichender Tatverdacht. Doch noch immer nicht wollten sich die Ankläger geschlagen geben. Gegen die Ablehnung ihres Begehrens nach einer Hauptverhandlung zogen die Staatsanwälte jetzt mit einer Beschwerde vor das Oberlandesgericht in Rostock – die dem Neubrandenburger Landgericht vorgesetzte Behörde. Die Prüfung der ganzen Angelegenheit und der dicken Akten in der Hansestadt am Ufer der Ostsee dauerte. Staatsanwälte und Ermittler bangten nicht nur um ihren guten Ruf, alle einte der

Wunsch nach Gerechtigkeit. Die nach ihrer Ansicht und ihrer Überzeugung Susann und ihrer Familie erst dann zuteil werden kann, wenn der in ihren Augen Hauptverdächtige vor Gericht steht und verurteilt wird. „Der und kein anderer war es", lässt Chef-Ermittler Taggesell auch heute noch keine Luft an seine feste Haltung.

Am 23. August 2000, zehn Monate später, dann die Nachricht. Die Botschaft, niederschmetternd für die einen und erlösend für den anderen: Das Oberlandesgericht schmetterte die Beschwerde der Neubrandenburger Staatsanwaltschaft ab, die immer noch eine Hauptverhandlung gegen B. begehrten. Weder Täterschaft noch Tatzeit noch Tatort, so die vernichtende Antwort auf die Beschwerde, waren mit ausreichender Sicherheit geklärt worden, hieß es in der Begründung der Ablehnung. Eine „Ohrfeige für den Staatsanwalt", nannte das damals der Nordkurier und schrieb weiter: „Was sich sowohl Polizei als auch Staatsanwaltschaft vom Oberlandesgericht ins Stammbuch schreiben lassen müssen, klingt wenig ermutigend. Obwohl es schon vor Monaten hieß, die Strafverfolgungsbehörden müssten schon neue Ermittlungsergebnisse vorlegen, wenn sie die Hauptverhandlung gegen ihren Verdächtigen eröffnen wollen, ist in dieser Hinsicht offenbar nichts passiert. Mehr noch: Indirekt werfen die Richter den Ermittlern vor, nicht alle potenziellen Spuren und Verdächtigen mit der gleichen Intensität verfolgt zu haben, wie jenen Nachbarn, den die Polizei von Beginn an im Visier gehabt hatte. Um keine falschen Schlüsse zuzulassen: Möglicherweise ist jener Hauptverdächtige wirklich der Gesuchte. Vielleicht. Aber es ist nicht seine Aufgabe und nicht die seines Verteidigers, seine Unschuld zu beweisen. Sondern Auftrag der Staatsanwaltschaft, ihm seine Schuld zweifelsfrei nachzuweisen. Das ist den Ermittlern in diesem einen Fall nicht gelungen. Daher hat das Oberlandesgericht zu Recht befunden, die Hauptverhandlung gar nicht erst zu eröffnen. So bitter das in den Ohren vieler betroffener Polizisten auch klingen mag, die gerade in dem Fall Jahrsetz unzählige Überstunden schrubbten und weder auf Wochentag noch Uhrzeit schauten. Und sich dabei vielleicht, die Betonung liegt auf vielleicht, zu sehr auf den einen Verdächtigen einschossen. Denn nun muss die Akte wohl zugeklappt werden. Endgültig. Und Susanns Tod bleibt ungesühnt".

Mit der Vermutung lag der Nordkurier damals richtig, sehr schwer war es allerdings nicht, eine solche Ahnung anzustellen. Niemand ist bis heute dafür angeklagt und verurteilt worden, die zehnjährige Susann im August 1994 entführt und ermordet zu haben. Dem Kriminalhauptkommissar Frank Taggesell macht das zu schaffen, wohl mehr, als der erfahrene Ermittler zugeben möchte. Nicht nur aus beruflichem Ehrgeiz setzt ihm die Niederlage zu . Denn immerhin, nur drei ungeklärte Mordfälle „schmücken" die Vita des Neubrandenburgers. Außer der vergeblichen Mühe, für die Tötung von Susann Jahrsetz einen Schuldigen hinter Gitter zu bringen, liegen Taggesell noch die ungelösten Fälle Anne S., eine Radfahrerin aus Dresden, die 1992 in einem Wäldchen in Mecklenburg-Strelitz getötet wurde, und der Mord an einem Mitarbeiter eines Wachschutzunternehmens 1997 auf der Seele, der vor einem Neubrandenburger Einkaufscenter beim Raub der Tageseinnahmen erschossen wurde. „Ja, die Zeit läuft uns davon", gibt Frank Taggesell zu. Aber: „Die Akten sind noch nicht geschlossen". Wie nah dem Endfünfziger die ganze Angelegenheit immer noch geht, verrät Taggesell selbst – wenn auch unabsichtlich. Er nennt Susann, wenn er über ihren Fall spricht, nie Susann. Der alte Haudegen, hartgesotten im Umgang mit Toten und Totschlägern, spricht von Susann immer als „Susi".

Manchmal verraten Kleinigkeiten eben mehr als viele Worte.

„Susis" Mutter Ramona Schön denkt noch immer jeden Tag an ihre verlorene Tochter, die im Januar 2017 ihren 33. Geburtstag gefeiert hätte – wenn man sie denn gelassen hätte. „In meinen Gedanken lebt sie immer weiter und immer mit", erzählt die Neustrelitzerin. Wäre es leichter, die Polizei hätte in all den vielen Jahren den Schuldigen zur Strecke und für lange Zeit hinter Gitter gebracht? Ramona Schön schüttelt mit dem Kopf. Leichter nicht, bestimmt nicht. Aber Genugtuung könnte sie empfinden. Denn die eine Frage treibt die Mutter des ermordeten Mädchens noch immer um, bestimmt bis zum Schluss: „Warum darf der einfach so weiter leben, wenn mein Kind tot ist?"

ZWEITER TEIL

# SIEBEN MENSCHEN – SIEBEN SCHICKSALE

## *Almuth S.*

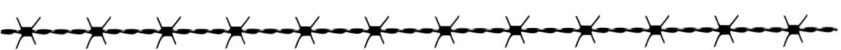

+ + + *Verschwunden im Juli 2016* + + +

# ■ Tragisches Ende auf dem Truppenübungsplatz

Die 81-Jährige verschwand ausgerechnet dort, wo ihre Familie sie am sichersten behütet sah. Am 10. Juli 2016 wurde die Neubrandenburgerin Almuth S. zum letzten Mal lebend gesehen – im Klinikum der Viertorestadt. Als es an dem Sonntag Mittagessen geben sollte, bemerkten die Schwestern auf der Station das Fehlen ihrer betagten Patientin. Wohin sie gegangen ist und warum das niemandem auffiel – niemand wusste es. Das Personal des Klinikums stellte

*Für die Tochter bleiben viele Fragen. Wie konnte das geschehen?*

sofort das große Haus bei der Suche auf den Kopf, vergebens. Almuth S. blieb verschwunden.

Alles nur ein dummer Zufall. Denn eigentlich sollte die Rentnerin, der zwei Tage vor ihrem Verschwinden ein Herzschrittmacher eingesetzt wurde, schon am Sonnabend wieder entlassen werden. Die kleine Operationswunde machte aber ein bisschen Probleme, zur Sicherheit, so die Diagnose der Ärzte, blieb sie übers Wochenende noch im Krankenhaus.

Die ersten Fahndungsmaßnahmen der Polizei blieben erfolglos, am Montag begann sich die ganz große Maschine zu drehen. Hubschrauber, Bereitschaftspolizisten und Hundeführer mit ihren vierbeinigen Supernasen suchten nach der alten Dame, alles vergebens. Auch die Anstrengungen der Familie der Vermissten verliefen im Sande, selbst der dringliche Appell um die Hilfe der Öffentlichkeit brachte kein Ergebnis zustande. „Wir haben selbst 80 Flugblätter mit einem Foto unserer Mutter und Oma gedruckt", erzählte Tage später die Tochter der Rentnerin, „alles verteilt und aufgehängt. Am Busbahnhof in Neubrandenburg und am Bahnhof. Alle Leute, die wir gefragt haben, waren sehr entgegenkommend". Genutzt hat es nichts, weder bei der Polizei noch bei der Familie ging auch nur ein einziger Hinweis ein. „Als hätte sich der Erdboden plötzlich aufgetan und sie verschluckt", kann die Tochter alles nicht begreifen. Einen guten Monat nach dem Verschwinden ihrer Mutter hat sie die Hoffnung auf ein glückliches Ende längst aufgegeben. Aber einen Wunsch hatte sie noch: „Vielleicht können wir doch irgendwann vernünftig Abschied nehmen."

Wie bei den meisten Angehörigen, die fassungslos das Verschwinden eines nahestehenden Verwandten oder Freundes beklagen müssen, macht sich auch in der Familie der spurlos verschwundenen

Seniorin großer Frust breit. Sie hätten sich, meint die Tochter, mehr Zuwendung durch die Polizei gewünscht. Meist, so die Klage, hätten sie nur dann etwas über den Recherchestand der Polizei erfahren, wenn sie nachgefragt haben. Außerdem, auch der Vorwurf eint viele Hinterbliebene, habe die Polizei das große Suchen viel zu zeitig abgebrochen. Das stimmt nicht, wehrte sich damals die Polizei, man habe getan, was getan werden konnte. Aber ohne konkrete neue Anhaltspunkte oder Verdachtsmomente wisse eben niemand, wo noch gesucht werden kann.

Die Suche übernahm die Familie dann selbst. Krempelte noch einmal das Klinikum um. Tochter, Schwiegersohn und Enkel stiegen selbst unters Dach und in die Keller herab und durchforsteten die dichten Wälder hinter dem Klinikum. So intensiv, dass die Tochter

*Keiner hätte vermutet, dass Almuth S. hier zu finden ist.*

50

hinterher zugeben musste, erst jetzt eine richtige Ahnung davon zu besitzen, wie groß die Wälder um Neubrandenburg doch seien. „Manche Ecken hinter der Oststadt, rings um das Lindetal oder von dort in Richtung Fünfeichen kannten wir bisher kaum."

Wer verzweifelt ist, dem kommen die merkwürdigsten Ideen. Vielleicht, sinnierte die Tochter, als sie die Hoffnung, ihre Mutter noch lebend zu sehen, längst aufgegeben hatte, könnte doch sogar deren Verschwinden in irgendeinem Zusammenhang mit dem Schicksal einer 67-Jährigen stehen, die kurz vor Weihnachten 2015 in Priborn an der südlichen Müritz von einem Spaziergang nicht mehr zurückkehrte. „Die Polizei kann doch in Priborn ein Verbrechen nicht völlig ausschließen und Zeugen sprachen dort doch von einem dunklen Auto, das am Tage des Verschwindens in Priborn gesehen wurde." Von einem Ermittler will die Tochter erfahren haben, dass die Personenspürhunde, die bei der Suche nach der Mutter bis zu einem Parkplatz in der Oststadt noch Witterung aufnehmen konnten, dort plötzlich aber nicht mehr weiter kamen.

Die Wochen vergingen ohne Neuigkeiten in der tragischen Vermisstensache, die im Krankenhaus der Viertorestadt ihren Anfang nahm. Bis zum 9. September, einem Freitag. Den Tag und sogar die genaue Uhrzeit („12 Uhr") kann ein Mann im Leben nicht mehr vergessen. Genau zur Mittagsstunde hat der Förster der Bundeswehr in seinem Revier „Bannenbrück" bei Pragsdorf – einem kleinen Dorf östlich von Neubrandenburg – die Leiche einer skelettierten und teilweise schon mumifizierten älteren Frau gefunden. Der „Grünrock" war gerade zur Inspektion durch seinen Wald unterwegs, als er den schrecklichen Fund machen musste. „Bei so einem Rundgang schaut man nach links, rechts, oben und unten. Und so habe ich sie entdeckt." Der Förster hat sofort die Polizei benachrichtigt, und als er den Beamten beschrieb, welche Sachen die Tote am Leib trug, „war für die Polizisten schon fast alles klar", erzählte er danach. „Die sagten gleich, dies sei bestimmt die seit Juli vermisste Rentnerin aus Neubrandenburg."

Für Gewissheit über das Schicksal ihrer Mutter und Großmutter musste sich die Familie aber noch gedulden, letzte Zweifel sollte, wie üblich, eine DNA-Untersuchung ausräumen. Indizien für ein Gewaltverbrechen, das wenigstens stand schnell fest, lagen aber keine vor.

Der Fundort der Toten befindet sich einige Kilometer vom Klinikum entfernt – aber eigentlich darf kein Unbefugter das 360 Hektar große Forstrevier „Bannenbrück" südlich von Pragsdorf betreten. Denn noch immer gilt das Gelände als militärischer Sicherheitsbereich, wer hier spazieren gehen oder Pilze suchen will, ist von Strafe bedroht. Auf Karten ist das Areal als Truppenübungsplatz ausgeschrieben, aber laut zuständigem Förster hat hier schon seit geraumer Zeit keine Truppe mehr den Ernstfall geübt. Wie tragisch der Tod der älteren Dame gewesen ist, verdeutlicht die Entfernung in das benachbarte Pragsdorf, die niemand besser kennt als der Wald-Fachmann: „Keine zwei Kilometer von dem Platz, an dem ich sie gefunden habe, hätte ihr geholfen werden können." Aber die Kräfte der Rentnerin waren wohl genau hier zu Ende.

Bei der Polizei wurde nach dem Fund bestätigt, was der Mann aus der Forst schon zu sagen wusste: Im „Bannenbrück" hat niemand der zahlreichen Einsatzkräfte nach dem Verschwinden der Frau nach ihr gesucht. Keine Suchmannschaft „verirrte" sich in das dicht bewaldete Revier. „Wir hatten keine Anhaltspunkte, genau hier nach ihr zu fahnden", verteidigte eine Sprecherin der Polizei in Neubrandenburg die getroffenen Entscheidungen ihrer Kollegen.

Auch wenn der Förster mit seiner Entdeckung die Angehörigen der Rentnerin von der Qual der Ungewissheit befreit hat, so einen Fund will er nie mehr machen: „Einmal reicht. Das muss sich im Leben nicht mehr wiederholen".

Ein paar Tage später wurde offiziell, woran aber niemand mehr ernsthaft zweifelte: Die Frau, deren sterblicher Rest gefunden wurde, war jene mehr als zwei Monate vermisste Rentnerin. Der stillen Verabschiedung auf einem Neubrandenburger Friedhof stand nun nichts mehr im Wege. Indes kamen den Angehörigen, besonders der Tochter und Enkelin, hernach gehörige Zweifel daran, ob die Polizei tatsächlich und zu jeder Zeit gute Arbeit abgeliefert hatte. Beide standen in den zwei Monaten zwischen Verschwinden und Entdeckung der Leiche in ständigem Kontakt zu den Fahndern und Ermittlern. „Wir mussten schon oft nachfragen, ob überhaupt noch nach unserer Mutter gesucht wird", beklagte sich die Tochter. Aber das sei alles noch zu verkraften gewesen, schließlich konnte sich die Familie besonders an Tag eins nach der Vermisstenmeldung davon überzeugen, wie mit Bereitschaftspolizisten, Personenspürhunden und sogar einem Hubschrauber nach der verschollenen Rentnerin gesucht wurde.

Doch was die Familie erleben musste, als Mutter und Großmutter von dem Förster zufällig entdeckt wurde, hätte die sich selbst in ganz schlimmen Träumen nicht vorstellen können. „Gut wenigstens, dass wir schnell darüber informiert wurden, dass die Tote mit an Sicherheit grenzender Wahrscheinlichkeit unsere Mutter ist", sagte die Angehörige. Tags darauf entschloss sich die Familie, die Fundstelle aufsuchen zu wollen – um einen Blumenstrauß an den Ort zu legen, wo die alte Dame gestorben ist. „Wir waren aber naiv, der Wald ist riesig", berichtete sie. Bei der Polizei konnte ihr jedoch niemand genau beschreiben, wie der Platz zu finden ist. „Das empfanden wir schon als merkwürdig", so die Tochter. Erst als sie vier Tage später den Förster telefonisch erreichte, erklärte der sich sofort bereit, die Familie an den Fundort zu führen.

Doch was sie da zu sehen bekamen, haute den Angehörigen den Boden unter den Füßen weg. „Man sah noch genau, wo Mutter gelegen hat", erzählte die Tochter mit Tränen in den Augen. Zudem sei der Platz auch überhaupt nicht ordentlich aufgeräumt worden. „Wir haben noch Verbandsreste gefunden und die Armschlinge, die Mutter nach ihrer Operation getragen hat. Das lag da einfach so herum", schluckte sie. Und, die Besucher des stillen Platzes im Wald wollten zunächst ihren Augen nicht trauen, sogar ausgefallene Haarbüschel mussten sie in der Mulde finden. „Es war schrecklich", atmete die Tochter noch Tage nach der Entdeckung tief durch.

Der Polizei war das alles schrecklich peinlich. Wie eine Sprecherin der Behörde sagte, müsse man sich dafür bei der Familie wohl entschuldigen. Dies sei, so wurde ganz dick unterstrichen, nicht üblich und entspreche in keiner Weise dem Vorgehen der Ermittler. So verlasse man normalerweise keinen Tatort.

Wie allerdings die Neubrandenburgerin, die noch selbstständig in ihrer Wohnung lebte, aber schon als leicht dement galt, vom Krankenhaus zu Fuß bis in den Wald bei Pragsdorf gelangte, bleibt ein ewiges Rätsel. Das festzustellen, ist niemandem gelungen.

*Dirk R.\*)*

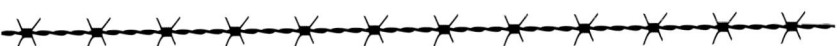

## KAPITEL II

## DIRK R.*)

*+ + + Vermisst seit Dezember 2000 + + +*

# ■ Untergetaucht im Großstadt-Dschungel?

Spätestens in zehn Minuten hätte Dirk R.*), ein 16-jähriger Junge aus der Haffregion, zu Hause sein müssen. Wie immer an den vergangenen Tagen schwang sich der Schüler am 10. Dezember 2000 auf sein Fahrrad. Er jobbte in jenen Tagen in einem Restaurant in der Gegend, der 10. Dezember war sein letzter Tag in dem Praktikumsbetrieb. Von jenem Zeitpunkt an verliert sich seine Spur. Weder seine Eltern noch seine Freunde oder Mitschüler haben je wieder etwas von ihm gesehen oder gehört. „Eine mysteriöse Geschichte", rätseln noch viele Jahre später die mit dem Fall betrauten Kripo-Beamten. Sämtliche Hinweise verloren sich im Nichts.

So wollte ihn angeblich noch Monate später ein Kurierfahrer in der Nähe von Anklam ein Stück mitgenommen haben, andere sahen angeblich den Jungen auf einem Boot in der Peene, wieder andere sogar in Berlin oder Hamburg, nachdem eine Fernsehsendung im Jahr 2001 bundesweit auf den Fall aufmerksam gemacht hatte. Aber bis heute haben die Fahnder von der Anklamer Kripo keine heiße Spur. Aber auch hier heißt es, selbst nach über 16 Jahren sei die Akte keinesfalls geschlossen und im Archiv gelandet. Nach wie vor werde beispielsweise jeder unbekannte Tote auch mit den Daten des Dirk R. verglichen. Und weil der Junge vom Haff früher schon

*Hier absolvierte der 16-Jährige sein Praktikum - danach verliert sich seine Spur.*

einmal erkennungsdienstlich behandelt werden musste – gemeinsam mit einem Kumpel war er in einen Kiosk eingestiegen – sind seine Fingerabdrücke auch in jedem Polizeicomputer gespeichert. Ein Musterknabe ist Dirk R. in seiner Jugend nicht gerade gewesen, einmal erwischte ihn die Polizei, als er mit einem geklauten Moped unterwegs war. Zudem war er früher schon zwei Mal wegen schlechter Zeugnisse von zu Hause abgehauen, aber stets und nach kurzer Zeit von allein wieder in der elterlichen Wohnung aufgetaucht. Alles aber auch nicht ungewöhnlich für einen Teenager. Im Berufsförderzentrum der Region sollte er den Hauptschulabschluss nachholen. Mutter und Vater machen sich heute Vorwürfe: Sie haben viel mit ihm geschimpft...

Ob aber nun an dem Jugendlichen vor mehr als 16 Jahren ein Verbrechen verübt wurde oder ob der junge Mann schlicht und einfach nur „abgehauen" ist - niemand wagt angesichts des dürren Ermittlungsstands eine Prognose abzugeben. Die Polizei wehrt sich auch in diesem Fall gegen jede Fehlerdiskussion. Jeder Stein wurde seinerzeit bei der Suche nach Dirk R. umgedreht, heißt es. Auch das Umfeld

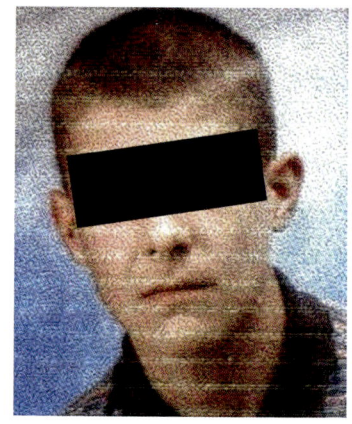

*Dirk R.\*)*

des Schülers sei „mehrfach abgeklopft" worden. Die Ermittler fanden auch keine Hinweise darauf, dass sich der Gesuchte zu Hause nicht mehr wohl fühlte. Dazu kam, auch das sprach und spricht gegen eine „Flucht", dass mit Dirk R. nur die Sachen verschwunden waren, die er am Tag seines Verschwindens auf dem Leib trug. Nach einem geplanten Absetzen sah das nicht aus. Aber - auch ein Verbrechen erscheint und erschien den Ermittlern nicht so recht plausibel, weil es nicht den geringsten Hinweis darauf gab. Niemand fand zum Beispiel den Rucksack, den der Jugendliche auf dem Heimweg von der Arbeit bei sich trug, und auch das dunkelgrüne Fahrrad ist nie wieder aufgetaucht - trotz intensiver Suche. Theoretisch möglich, so immer wieder die Überlegung der Fahnder, dass jemand jahrelang im Milieu einer Großstadt untertaucht, ohne entdeckt zu werden. Dort sind nach dem Verschwinden ihres Sohnes die Eltern aktiv gewesen. Hunderte Flugblätter mit Dirks Bild und seiner Beschreibung hängten sie in Berlin und Hamburg aus. Allerdings, auch an einer solchen Version hegen die Ermittler

Zweifel. Denn zum Persönlichkeitsprofil des Jungen soll nicht passen, dass er sich nie mit einem Lebenszeichen bei seinen Eltern oder dem jüngeren Bruder gemeldet hat.

*) Name von der Redaktion geändert

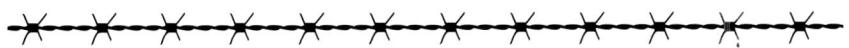

*Bodo H.*

*+ + + Vermisst seit Juli 2012 + + +*

# ■ Nur mal auf einen Kaffee runter in die Stadt

Lucy hechelt und verlangt nach Wasser, Polizeihauptmeister Ralf Gründler wischt sich den Schweiß von der hohen Stirn. Das war anstrengend. Der Vierbeiner, ein hoch spezialisierter Personensuch- und Fährtenhund, hat den Hundeführer gerade vom Warener Stadtteil Papenberg bis runter in den Stadthafen „gezerrt". Hier ist Schluss. „Luzy hat die Spur verloren", kommentiert Gründler den Stopp der Schäferhündin. Die Trockenheit, das nahe Wasser und die vielen Leute, die hier flanieren, haben die Weitersuche unmöglich gemacht.

Eine halbe Stunde vorher sind Gründler und zwei Kollegen, Beamte aus der Polizeiinspektion Ludwigslust, in Waren eingetroffen. Vor dem Eingang eines Wohnblocks auf dem Papenberg werden die Männer und deren Vierbeiner von Kollegen der Warener Kripo erwartet. Hier ist an einem Freitag Abend im Juli 2012 der 76 Jahre alte und allein lebende Rentner Bodo H. zum letzten Mal gesehen worden. Der Mann galt, so die Polizei, als leicht dement und zumindest teilweise orientierungslos. Gleich am Wochenende sind damals ein Polizeihubschrauber und eine Rettungshundestaffel für die Suche aktiviert worden – ergebnislos. Das Verschwinden des Wareners wurde der Polizei durch Bekannte gemeldet, die ihn betreuen und

*Bodo H.*

in der Wohnung für Ordnung sorgten und immer wieder nach dem Rechten sahen.

Die drei Hundeführer betreten die Ein-Raum-Wohnung des Vermissten und suchen nach Kleidungsstücken für die Geruchsproben. In Plastebeutel verpackt, bekommen die Hunde das Gefundene zu „schnuppern". Luzy, die siebenjährige Fährtenhündin, muss als erste ran. Zielstrebig zieht sie ihren Hundeführer über den Papenberg, vorbei am Sonnenstudio, an der Dethloff-Schule, über die Papenberg- bis zur Mecklenburger Straße. Von hier geht es zum Stadthafen zum Pier 13, einer bekannten Ausflugs- und Amüsier-Gaststätte. Dort war Schluss. 15 bis 20 Prozent der 200 Einsätze der hochsensiblen Fährtenhunde im Jahr verlaufen erfolgreich, so Polizeihauptkommissar Reimond Kube. „Die Bedingungen hier sind aber schlecht. Die Trockenheit und der relativ lange Zeitraum seit dem Verschwinden machen den Hunden das Leben schwer."

In der Wohngegend am Papenberg beobachtete an dem ereignisreichen Tag Familie R. das Ganze vom Balkon, „Seit 30 Jahren wohnen wir hier, und so lange kennen wir Bodo H. schon", erzählt die Frau des Hauses. Erst seit einem Jahr habe ihr Nachbar einige Probleme mit der Orientierung. An einem der nächsten Tage habe man sich noch zu einer gemeinsamen Busfahrt nach Polen verabredet. „Wir sind sehr bestürzt", sagt die Nachbarin. Bei der Polizei schwand allerdings nach dem Fehlschlag mit den Hunden die Hoffnung auf ein gutes Ende. Es sei denn, hieß es, der Vermisste wäre tatsächlich irgendwo bei einem Bekannten untergetaucht und habe von der Suche nach ihm noch nichts mitbekommen.

Der Kripo-Chef im Heilbad, Friedhelm Nofz, wusste nach etlichen Tagen der Suche schon damals nicht mehr weiter: „Wir haben alle Hinweise, die wir in der Vermisstensache bislang erhielten, abgearbeitet. Ohne wirkliches Resultat." Man war weiter mit den Angehörigen in Kontakt, allerdings besaß die Polizei keine konkreten Anhaltspunkte mehr, wo noch gesucht werden könnte. „Es hatten sich schon einige Leute gemeldet, die glaubten, Bodo H. nach dem Verschwinden noch gesehen zu haben. An teilweise weit auseinander liegenden Orten. Aber alle Überprüfungen sind ergebnislos geblieben." Auch Polizeitaucher, die am Warener Stadthafen den Grund der Binnenmüritz absuchten, fanden nicht die kleinste Spur. Daran hatte sich bis heute nichts geändert: Niemand weiß, welche Richtung Bodo H. damals einschlug, als er das letzte Mal auf dem Papenberg gesehen wurde. Und weil der Rentner von seinen Nachbarn als noch sehr gut zu Fuß beschrieben wurde, hätte er theoretisch schon am ersten Tag weit kommen können. Täglich, so erzählten im Sommer 2012 die Nachbarn, habe ihr Bekannter noch einen Spaziergang bis hinunter in die Stadt unternommen, um dort seine Tasse Kaffee zu trinken. Erschwerend für die Polizei war auch die Tatsache, dass der vermisste Rentner über nicht viele soziale Kontakte verfügte und die Zahl möglicher Ansprechpartner nicht hoch war. „Wir können nur hoffen", so Kripo-Chef Nofz resigniert einige Wochen nach dem Verschwinden, „dass Bodo H. vielleicht doch irgendwo untergekommen ist, bei einem Bekannten vielleicht, der von dem Trubel um die Suche nichts ahnt." Allerdings, die Chancen, den Mann unversehrt wieder zu finden, sanken mit jedem Tag, an dem man nichts von ihm hört. Bis heute.

Die anstrengende Suche nach dem verschwundenen Rentner Bodo H█ gestern in Waren hinterlässt ihre Spuren bei Ralf Gründler. Im Stadthafen musste Luzy aufgeben.

# Rentner wie vom Erdboden verschluckt

Von unserem Redaktionsmitglied
**Thomas Beigang**

Trotz Hubschrauber und hoch spezialisierter Fährtenhunde findet die Polizei auch gestern keine Spur von dem Vermissten aus Waren.

**WAREN.** Lucy hechelt und verlangt nach Wasser, Polizeihauptmeister Ralf Gründler wischt sich den Schweiß von der hohen Stirn. Das war anstrengend. Der Vierbeiner, ein hoch spezialisierter Personensuch- und Fährtenhund, hat den Hundeführer gerade vom Papenberg bis in den Stadthafen „gezerrt". Hier ist Schluss. „Luzy hat die Spur verloren", kommentiert Gründler den Stopp der Schäferhündin. Die Trockenheit, das nahe Wasser und die vielen Leute, die hier flanieren, haben die Weitersuche unmöglich gemacht.

Eine halbe Stunde vorher sind Gründler und zwei Kollegen, Beamte aus der Polizeiinspektion Ludwigslust, in Waren eingetroffen. Vor dem Eingang der Carl-Struck-Straße █ auf dem Papenberg werden die Männer und deren Vierbeiner von Kollegen der Warener Kripo erwartet. Hier ist am Freitagabend der 76 Jahre alte und allein lebende Rentner Bodo H█ zum letzten Mal gesehen worden. Der Mann gilt, so die Polizei, als leicht dement und zumindest teilweise orientierungslos. Schon am Wochenende sind ein Polizeihubschrauber und eine Rettungshundestaffel für die Suche aktiviert worden – ergebnislos. Das Verschwinden des Wareners ist der Polizei durch Bekannte gemeldet worden, die ihn betreuen und in der Wohnung für Ordnung sorgen.

Die drei Hundeführer betreten die Ein-Raum-Wohnung des Vermissten und suchen nach Kleidungsstücken für die Geruchsproben. In Plastebeutel verpackt, bekommen die Hunde das Gefundene zu „schnuppern". Luzy, die siebenjährige Fährtenhündin, muss als erste ran. Zielstrebig zieht sie ihren Hundeführer über den Papenberg, vorbei am Sonnenstudio, an der Dethloff-Schule, über die Papenberg- bis zur Mecklenburger Straße. Von hier geht es zum Stadthafen zum Pier 13. Dort ist Schluss. 15 bis 20 Prozent der 200 Einsätze der hochsensiblen Fährtenhunde im Jahr verlaufen erfolgreich, so Polizeihauptkommissar Reimond Kube. „Die Bedingungen hier sind aber schlecht. Die Trockenheit und der relativ lange Zeitraum seit dem Verschwinden machen den Hunden das Leben schwer."

In der Carl-Struck-Straße █ beobachtet Familie Rusmak das Ganze vom Balkon. „Seit 30 Jahren wohnen wir hier und so lange kennen wir Bodo H█ schon", erzählt die Frau des Hauses. Erst seit einem Jahr habe ihr Nachbar einige Probleme mit der Orientierung. Gut zu Fuß sei der aber nach wie vor, habe täglich seinen Fußmarsch in die Stadt unternommen, um dort Kaffee zu trinken. Für Donnerstag habe man sich noch zu einer gemeinsamen Busfahrt nach Polen verabredet. „Wir sind sehr bestürzt", sagt die Nachbarin. Bei der Polizei indes schwindet nach dem gestrigen Fehlschlag die Hoffnung auf ein gutes Ende. Es sei denn, hieß es, der Vermisste wäre tatsächlich irgendwo bei einem Bekannten untergetaucht und habe von der Suche nach ihm noch nichts mit bekommen.

**Kontakt zum Autor**
beigang@nordkurier.de

*Zeitungsausschnitt vom 12. Juni 2012/Nordkurier*

Thomas Beigang meint:

**Keiner kann nachfühlen, was die Angehörigen durchstehen.**

# Die ganz große Angst

Oh Gott, so etwas zählt wohl tatsächlich zum Allerschlimmsten, was jemandem im Leben widerfahren kann: Wenn ganz plötzlich, praktisch von einem Tag auf den anderen, jemand verschwindet, den man gern hat. Diese quälende Ungewissheit, der bohrende Schmerz, die schrecklichen Gedanken, wenn sich im Kopf fürchterliche Szenarien abspielen. Trotz aller Vorstellungskraft, niemand kann tatsächlich (theoretisch) empfinden oder nachfühlen, was da bei den Betroffenen abgeht. Wenn selbstzerstörerische Fragen auftauchen oder Schuld gegeben wird. Niemand aus dem Kreis der Angehörigen, denen nichts anderes übrig bleibt, als zu warten und zu hoffen, gilt „danach" noch als der selbe oder die selbe. Die Warterei und der Schmerz verändern lebenslang, ganz sicher. Manchmal ist zu hören, die schlimmste Nachricht sei immer noch besser als ewige Ungewissheit. Da bin ich mir nicht ganz sicher. Denn ein Fünkchen Hoffnung hält vielleicht noch am Leben.

*Zeitungsausschnitt vom 31. Mai/1. Juni 2014/Nordkurier*

*Anne S.*

+ + + *Verschwunden im Juli 1993* + + +

# ■ Die fehlgeschlagene Suchaktion im Dickicht

Einem Sammler abgestoßenen Gehörns gelang im März 1994, was ein gutes halbes Jahr zuvor über 200 Polizisten nicht vergönnt war: die sterblichen Überreste der seit dem 20. Juli des Vorjahres vermissten 21–jährigen Krankenschwester und angehenden Medizinstudentin Anne S. zu finden. Am Rande eines Waldstückes zwischen den Dörfern Holldorf und Blankensee im Strelitzer Land fand der Mann aus Blankensee während seines abendlichen Spazierganges einen menschlichen Knochen.

Die herbeigerufene Polizei entdeckte in einem Umkreis von 20 Metern verstreute Skelettteile, Kleidungsstücke und eine Uhr. Der Zahnbefund ergab recht schnell, dass es sich um die Leiche der vermissten Dresdnerin handelte. Der Fundort lag nur etwa 300 Meter von der Stelle entfernt, an dem Waldarbeiter im September 1993 das Fahrrad der jungen Dresdnerin auflasen. Dort suchten gleich danach Bereitschaftspolizisten und Kriminalisten akribisch jeden Quadratmeter ab – die tote 21–Jährige lag jedoch außerhalb der Suchabschnitte, wie sich ein halbes Jahr später herausstellte. Das brachte den Beamten der Neubrandenburger Kripo Probleme. Zwar war jetzt für die Angehörigen und die Ermittler grausige Gewissheit, dass es sich um ein Tötungsverbrechen handelte, auf welche Art die aufgeweckte junge Frau jedoch ums Leben kam, konnte nicht mehr festgestellt werden. Schnell bat die Kripo die Bevölkerung um Mithilfe: Wer hat Anne S. am 20. Juli allein oder in Begleitung gesehen? Wer kennt Personen, die seitdem in Besitz von Gepäckträger- und Lenkerpacktaschen oder einem blaugrauen Zweimannzelt aus DDR–Produktion sind? Wer hat in dem Wald Gegenstände oder Kleidungsstücke gesehen, die dazu gehören könnten? Wer wie sie an dem Tag in dem Wald war, möchte sich bitte als Zeuge melden.

Harald Mück hob Monate später abwehrend die Hände. Dem erfahrenen Leiter des Fachkommissariats I – Leben und Gesundheit – der Kripo in der Neubrandenburger Polizeidirektion fiel es nach wie vor schwer, über den Fall zu sprechen. „Wir haben geschluckt", gibt der Mann zu. „Und außerdem – wir sind immer noch keinen Schritt weiter." Die Schlappe kratzte lange an der Kriminalistenehre. Denn was im Herbst 1993 180 Bereitschaftspolizisten und zwei Leichenhunden nicht gelang – den Leichnam der Anne S. in den Wäldern um Burg Stargard zu finden – entdeckte ein knappes halbes Jahr später ein Waldspaziergänger. Große Kritik an seinen Männern ließ der damalige Neubrandenburger Kripo-Chef Horst Müller aber nicht zu: „Bei jeder Suche setzt man sich Grenzen. Von Abschnitt A nach B. Niemand kann aufs Gradewohl im Wald herumrennen." Das Pech in diesem Fall: Nur wenige Dutzend Meter von der Suchgrenze entfernt, fand der Spaziergänger die sterblichen Überreste. „Die Geschichte gehört in die Rubrik: Das kommt vor", schützte sich Mück. „Niemand kann sagen, so etwas darf nicht passieren."

Am 20. Juli 1993, gegen Mittag, hörten Annes Eltern zum letzten Mal aus Neustrelitz die Stimme ihrer Tochter. Tags zuvor brach die junge Frau aus ihrer Heimatstadt Dresden auf, fuhr mit dem Zug bis Oranienburg und stieg dort aufs Rad. Ihr Ziel hieß Ostsee.

Übernachtet hat sie nach ihrem ersten Reisetag auf dem Bikowsee-Zeltplatz, über Zechliner Hütte und Wesenberg radelte Anne S. nach Neustrelitz. Von hier das Telefonat nach Hause. Die Kripo glaubt heute noch, dass die Dresdnerin über Blankensee nach Burg Stargard fahren wollte, um in der Jugendherberge zu übernachten. Was auf dem Weg geschah, lässt sich nicht mit Sicherheit rekonstruieren. Der Täter muss Anne überfallen haben, sie vom Rad gezerrt und in den dicht bewachsenen Wald verschleppt haben. Die Beamten haben nahezu 1000 Einwohner der umliegenden Dörfer befragt, in Zeitungen und im Radio die Bevölkerung um Mithilfe gebeten. Lange Zeit Funkstille. Bis der Hinweis kam, dass ebenfalls am frühen Nachmittag des 20. Juli ein dunkler Lieferwagen mit Kofferaufbau und Beschriftung den Weg entlanggefahren sein muss. Der Fahrer meldete sich aber nicht, und als er schließlich gefunden wurde, geriet der Mann selbst – auch weil er sich in seinen Aussagen widersprach – unter Verdacht. Allerdings musste die Kripo diese Version bald aufgeben, aufgrund lückenlos nachgewiesener Zeiten konnte der Zusteller nicht der Täter sein. Ein Mann aus der Umgebung jedoch, einschlägig bekannt wegen sexueller Belästigungen, konnte später nicht mehr befragt werden. Bei einer Schlägerei in Hamburg erlitt er ein schweres Schädel–Hirn–Trauma und galt seitdem als „nicht mehr verlässlich in seinen Aussagen". Auch die Hilfeersuchen der Kripo aus der Viertorestadt an Sendereihen wie „XY-ungelöst" oder „Fahndungsakte" blieben letztendlich ohne Erfolg. Zwar wurde der Fall filmmäßig nachgestellt, verwertbare Hinweise hat es auch danach nicht gegeben.

Dabei waren die Kriminalisten aus der Viertorestadt im Herbst 1993 noch guter Dinge, den Fall aufklären zu können. Der zuständige Revierförster zeigte ihnen vor der ersten großen Suchaktion die

# Verbrechen an 21jähriger immer wahrscheinlicher

## Waldarbeiter finden Fahrrad der vermißten Anne S

**Neubrandenburg** (EB/Th. Beigang). Die Kripo im Zugzwang: Gestern vor einer Woche fanden Waldarbeiter im Forst zwischen Blankensee und Holldorf (Kreis Neustrelitz) das Fahrrad der seit dem 20. Juli vermißten Dresdner Krankenschwester Anne S (nordkurier berichtete). „Kein Zweifel, daß es ihr Rad ist", zerstreut Oberkommissar Frank Taggesell, Leiter der Ermittlungen, jegliche Bedenken. Von ihrem Gepäck fehlt jede Spur. Es scheint wahrscheinlich, daß sie an ihrem Plan, an jenem 20. Juli von Neustrelitz in die Jugendherberge nach Burg Stargard zu fahren, festgehalten hat. Dort ist sie nie angekommen. Mittags meldete sie sich letztmalig telefonisch bei ihren Eltern aus Neustrelitz.

Einen Tag zuvor brach die junge Frau, die sich auf ein Medizinstudium vorbereitete, in Dresden auf. Mit dem Zug fuhr sie bis Oranienburg und stieg dort um aufs Rad. Übernachtet hat sie auf dem Bikowsee-Zeltplatz. Über Zechliner Hütte und Wesenberg radelte sie nach Neustrelitz. „Wir müssen davon ausgehen", so Taggesell, „daß Anne S Opfer eines Verbrechens geworden ist." In den nächsten Tagen werden Polizeibeamte mit Suchhunden den Wald zwischen Holldorf und Blankensee

*Verschwunden: Anne S*

durchkämmen. Die Kripo bittet die Bevölkerung um Hilfe: Wer hat Anne S am 20. Juli allein oder in Begleitung gesehen? Wer kennt Personen, die seit dem in Besitz von Gepäckträger- und Lenkerpacktaschen oder einem blaugrauen Zweimannzelt aus DDR-Produktion sind? Wer hat in dem Wald Gegenstände oder Kleidungsstücke gesehen, die dazu gehören könnten? Wer sie an dem Tag in dem Wald war, möchte sich bitte als Zeuge melden. Hinweise an jede Polizeidienststelle oder die Kripo Neubrandenburg, Telefon: 03 95/44 76 45 2 oder 531.

*Zeitungsausschnitt von 1993, als das Fahrrad gefunden wurde - erschienen im Nordkurier*

Stelle: „Genau hier wurde das Fahrrad gefunden." Hauptkommissar Josef Kusturin von der Neubrandenburger Kripo sah sich noch mal um. Fast undurchdringliches Dickicht. „Holt jetzt die Hunde", ordnete er an. Die Wälder zwischen Blankensee und Holldorf waren möglicherweise der Schauplatz eines grausigen Verbrechens. Hier wurde das Fahrrad der seit dem 20. Juli vermissten Dresdner Krankenschwester Anne S. gefunden. Eine Suchanzeige, die in allen Dörfern der Umgebung hing, brachte die Finderin auf die richtige Spur. Josef Kusturin hing an dieser Version: „Anne S. wollte mit dem Rad von Neustrelitz weiter nach Burg Stargard. Da kann sie hier vorbeigekommen sein." Die Kripo hoffte, dass der Fundort des Fahrrads nicht weit von dem möglicherweise verscharrten Opfer liegt. „Die Erfahrung spricht für einen Zufallstäter. Und der verfällt nach dem Verbrechen in aller Regel in Panik, hat weder Zeit noch Ruhe zu sorgfältigem Verstecken oder Vergraben."

Die beiden Hundeführer, die Polizeiobermeister Hans–Heinrich Rackwitz und Roland Ott, waren sich ihrer Sache im Herbst 1993 sicher: „Wenn die vermisste Person irgendwo im näheren Umfeld liegt, werden die Hunde sie finden." Auf ihren leisen Befehl begannen die vier Hunde mit der Suche. Die Tiere waren damals noch seltene Spezialisten: Leichenspürhunde aus Pretzsch bei Wittenberg, die seinerzeit einzigen in den neuen Bundesländern. Von hier, der Diensthundeführerschule der Länder Sachsen/Anhalts und Thüringens, wurden sie zu Suchaktionen „gemietet". Zwei- bis dreimal im Monat mussten die Tiere „raus". Noch nie, so die Herren von Honda, Susi, Marlen und Perle, hätten ihre Schäferhündinnen etwas übersehen. Ohne einen Laut von sich zu geben, waren die Tiere bei der Arbeit. „Das muss so sein", erklärt Roland Ott, „die bellen nur, wenn sie was finden." Ein Dreivierteljahr dauert die Ausbildung.

Und längst nicht jeder Hund eigne sich dafür, wissen die beiden Polizisten. In einer Pause, nach einer Stunde, müssen die Hunde gut 30 Minuten ihre Nasen ausruhen, erzählte Roland Ott von einer Rettungsaktion unlängst: Nach einem Einsturz im Zementwerk Bernburg wurde noch ein Arbeiter vermisst. Die Hunde spürten ihn auf, lebend. Hier fanden sie nichts. Josef Kusturin hatte die Hoffnung aber noch nicht aufgegeben: „Möglicherweise war das Gebiet zu groß."

Aber der Herbst und der Winter vergingen, bis die sterblichen Überreste der jungen Krankenschwester gefunden wurden. Die Geschichte um Anne S., die sich von einer Vermisstenangelegenheit zu einem handfesten Mordfall entwickelt hat, kann bis heute nicht zu Ende erzählt werden. Der Fall zählt zu den ganz wenigen ungeklärten Tötungsdelikten der Neubrandenburger Kripo.

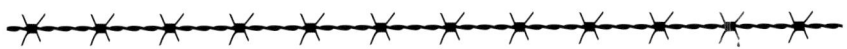

*Eugen H.*

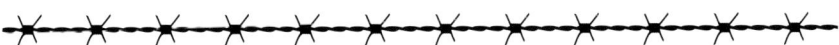

*+ + + Vermisst seit Februar 2016 + + +*

# ■ Immer allein und dann plötzlich verschwunden

Der Wind pfeift eisig über den aufgeweichten Acker, nichts stemmt sich ihm hier draußen entgegen. Nur riesige Windräder empfangen dankbar die bewegte Luft, Menschen sind an der Woldegker Chaussee nicht zu sehen. Zwei Kilometer hinter dem Friedländer Ortsschild hat niemand etwas zu suchen. Es sei denn, man wohnt auf einem der wenigen Höfe. Aber auch dann bleibt man lieber hinter den Schutz bietenden Zäunen und Hecken. Es lohnt sich nicht, bei solchem Wetter raus zu gehen. Der Februar im Jahr 2016 hat nichts Liebenswertes an sich.

An dem Abzweig nach Hohenstein steht ein altes Chausseehaus. Als die neu gebaute Straße von Friedland nach Woldegk Mitte des 19. Jahrhunderts den alten Landweg ablöste, ist das Haus errichtet worden. Dessen frühere Bewohner mussten von den Straßen-Benutzern Geld kassieren. Erst nach dem Bezahlen des Obolus wurde der Schlagbaum hochgeleiert, und die Straße war frei.

Seit fast 50 Jahren wohnt Eugen H. in dem Chausseehaus und hegt und pflegt es, so gut er eben kann und was die schmale Haushaltskasse zulässt. Sein Vater hatte das Haus einst von der Bezirksdirektion Straßenwesen erworben. H. lebt allein hier, schon eine lange Zeit. Oder sollte man sagen: H. lebte hier allein? Denn der

# Mann aus Friedland seit über einem Jahr vermisst

**Von Paulina Jasmer**

Vor fast genau zwölf Monaten verschwand Eugen H██████. Die Polizei unternahm alles, um ihn zu finden. Heute steht sie vor einem Rätsel.

**FRIEDLAND.** Noch immer keine Spur. Noch immer kein Aufatmen. Der Friedländer Eugen H██████ gilt auch nach einem Jahr nach seinem Verschwinden als vermisst, wie Polizeisprecherin Diana Mehlberg im Gespräch mit dem Nordkurier erklärt.

Im vergangenen Jahr hatte die Polizei um Hinweise gebeten, nachdem der damals 55-jährige Friedländer wie vom Erdboden verschluckt war. Am 3. Februar war er noch beim Arzt, am 5. Februar hatte ihn eine Nachbarin gesehen und seitdem weiß niemand, wo sich der Mann befindet. Sein Haus am Rande Friedlands wirkt verlassen. In welche Richtung

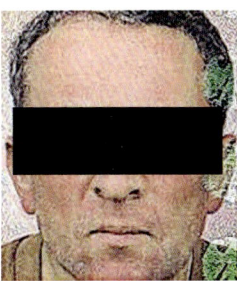

**Mit diesem Foto suchte die Polizei nach dem vermissten Eugen H██████.** FOTO: POLIZEI

Eugen H██████ sich aufgemacht und seine Heimat zurückgelassen haben könnte, ist nach wie vor ungewiss.

Laut Diana Mehlberg gibt es derzeit keine neuen Hinweise. Überhaupt seien im vergangenen Jahr nur sehr wenige Tipps auf den 1,68-Meter-Mann von eher untersetzter Statur eingegangen, was ziemlich ungewöhnlich für einen Vermisstenfall sei, hieß es damals.

## Hubschrauber und Suchhunde eingesetzt

Im Falle von Eugen H██████ habe die Polizei so einiges unternommen, sagt Mehlberg. Natürlich waren die wenigen Hinweise schnell geprüft gewesen. Keiner habe zum Auffinden des Vermissten beigetragen. Eine Woche nach dem Verschwinden seien dann Such- und Fährtenhunde der Rettungshundestaffeln Neubrandenburg, Greifswald und Stralsund eingesetzt worden und später gar ein Hubschrauber. Es gebe aber keine Anzeichen eines Gewaltverbrechens. Im Juni 2016 waren auch Leichensuchhunde auf dem Grundstück und der Umgebung im Einsatz. Doch der Friedländer blieb bis heute verschwunden.

Dabei ist er nicht nur den landesweiten Polizeistationen bekannt. „Er ist im Land zur Aufenthaltsermittlung ausgeschrieben", so Diana Mehlberg. Und dies sei nicht nur auf Mecklenburg-Vorpommern begrenzt, sondern

gelte für ganz Deutschland. In jedem Fall würde so die Neubrandenburger Polizeistation Polizeiinspektion informiert, sollte der Friedländer aufgefunden werden.

## Zwei weitere Vermisste in der Seenplatte

Bisher gelten im Inspektionsbereich mit den Hauptrevieren in Neubrandenburg, Neustrelitz, Waren und Demmin neben Eugen H██████ noch Gerda Wiese aus Priborn (seit dem 5. Dezember 2015 verschwunden) und Gottfried Teucher (seit 14. Juni 2016) als vermisst. Insbesondere bei Gerda Wiese suchte die Polizei mit einem Großaufgebot, weil ihr Verschwinden absolut plötzlich kam. Sie hatte ihre Kinder zum Adventsessen eingeladen, aber von Gerda Wiese fehlte jede Spur. Der Sonntagsbraten hatte zum Auftauen in der Spüle gelegen. Gottfried Teucher gehörte zu einer Behindertengruppe der Diakonie in Marienberg (Erzgebirge), die zu Gast in Waren war. Er war aus dem „Haus der Begegnung" verschwunden. Im Fall Eugen H██████ sei das Verschwinden laut Polizei nicht unbedingt überraschend gekommen, lautete damals eine überraschende Erklärung. Er sei früher schon oftmals einfach für einige Zeit verschwunden gewesen (der Nordkurier berichtete).

**Kontakt zur Autorin**
p.jasmer@nordkurier.de

*Zeitungsausschnitt vom 4. Februar 2017/Nordkurier - Das Verschwinden bleibt mysteriös.*

55-jährige Mann ist verschwunden. Spurlos. Wohl am 5. Februar 2016, so heißt es jedenfalls, ist er zum letzten Mal gesehen worden. Die Polizei rätselt. Was ist hier geschehen?

Der Friedländer gilt auch Monate nach seinem Verschwinden im Polizeideutsch als vermisste Person. Aktuell besitzen in der Polizeiinspektion Neubrandenburg nur wenige diesen Status. Von einigen Langzeitverschwundenen und ein paar Asylbewerbern, die sich aus ihren Gemeinschaftsunterkünften auf und davon gemacht haben, abgesehen. Aber während an der Suche nach Gerda W. in Priborn zum Beispiel Hunderte Polizisten beteiligt waren, die an der

*Das Chausseehaus wurde auch schon von Vandalen heimgesucht.*

südlichen Müritz jeden Stein umdrehten, hielt sich der Aufwand bei der Fahndung nach Eugen H. in viel engeren Grenzen.

„Also, dass wir nicht viel unternommen haben, stimmt so nicht", wehrt sich die Neubrandenburger Polizeisprecherin Diana Mehlberg gegen Vorwürfe. Als die Vermisstenmeldung eintraf, sei die gesamte Umgebung durchforstet worden, sogar ein Polizeihubschrauber stieg auf und suchte aus der Luft die Äcker und Wiesen ab. Spürhunde konnten wegen des anhaltenden Regens damals nichts ausrichten. Auch Oberstaatsanwalt Gerd Zeisler verteidigt die eingeleiteten Maßnahmen: „Der Fall Gerda W. liegt ganz anders. Die Frau hatte schon alles für den Besuch der Kinder vorbereitet, die zum Weihnachts-Essen kommen wollten. Bei Eugen H. hingegen heißt es, der verschwindet manchmal für eine gewisse Zeit."

Einer derjenigen, die trotz aller Einsamkeit an der Woldegker Chaussee wenigstens ab und zu Kontakt zu dem arbeitslosen und allein lebenden Mann besaßen, ist der Nachbar, der auf dem Hof gegenüber wohnt, ein paar Hundert Meter entfernt. „Das ist kein schlechter Kerl", sagt der Mann, der ans Hoftor kommt. „Hilfsbereit und so. Aber viel zu oft allein."

Regelmäßig sei wohl die Schwester vorbei gekommen, die Essen gebracht hat. Aber der Bruder soll wohl gerade gestorben sein, „vielleicht hat ihm das einen Knacks versetzt?" Unermüdlich war der Mann von weit gegenüber mit dem Fahrrad unterwegs, „sogar bis Neubrandenburg", staunt der Nachbar. Jeden kleinen See in der Umgebung habe der gekannt. „Was ist mit dem bloß geschehen", schüttelt sich der Hofbesitzer und will das Schlimmste lieber nicht denken. Und dann schimpft er los, Ganoven hätten wohl schon spitzgekriegt, dass in dem Chausseehaus gerade keiner lebt und sind dort eingebrochen. „Aber was", wundert sich der Hofbesitzer,

„wollten die da holen?" Bei der Polizei weiß man schon Bescheid. In zwei Wochen nach dem Verschwinden des Hausbesitzers stiegen Unbekannte in das Chausseehaus ein und klauten einen alten Fernseher. Aber wegen des Gerätes wird doch wohl niemand dem Friedländer etwas angetan haben.

„Wir besitzen keine Anhaltspunkte, wo gesucht werden könnte", sagt die Polizeisprecherin in Neubrandenburg. Eine Option wären Leichenspürhunde. Aber auch als die Monate später in der wärmeren Jahreszeit auf dem Grundstück und in der näheren Umgebung eingesetzt wurden, blieb eine Erfolgsmeldung aus. „Wo sollen wir noch suchen?", verteidigt sich die Polizei. Besonders tragisch in der Geschichte um den spurlos verschwundenen Mann aus Friedland war der Fakt, dass so gut wie keine Hinweise bei den Ermittlern eintrafen. Das war wohl dem einsamen Leben des 55-Jährigen geschuldet, der kaum Freunde hatte und nur sehr wenige soziale Kontakte pflegte. Was jetzt noch getan wird, um das Schicksal des Eugen H. aufzuklären, ist Routine. Bundesweit ist der einsame Mann aus Friedland zur Aufenthaltsermittlung ausgeschrieben. Sollte er gefunden werden, tot oder lebendig, geht die Information darüber an die Neubrandenburger Polizei.

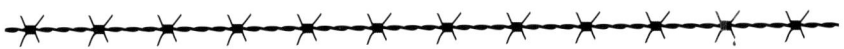

*Irmtraud O.\*)*

## KAPITEL VI

## IRMTRAUD O.*)

+ + + *Verschwunden im August 2014* + + +

# ■ Die lange Irrfahrt mit dem roten Damenfahrrad

Ob am Verkaufstresen des örtlichen Agrarhandels oder in der ortsansässigen Bäckerei – die Kunden kennen im September 2014 kaum ein anderes Gesprächsthema als das Rätselraten über das Schicksal von Irmtraud O.*) (75), die knapp vier Wochen zuvor spurlos verschwand. „Wenn jetzt noch jemand zu einer großen Suchaktion aufrufen würde, würden daran die allermeisten Einwohner des Dorfes teilnehmen", war sich die Bürgermeisterin ganz sicher. Aber – schränkte sie ein – wo solle jetzt noch gesucht werden. Die ganze Gegend um Nossentiner Hütte sei doch schon systematisch von der Polizei mit Hunden, Hubschraubern und Drohnen abgegrast worden. Und in der Bäckerei in der Dorfstraße weiß man von wilden Gerüchten, die immer wieder auftauchen. Aber alles Quatsch, winkt man im dortigen Verkaufsraum ab.

Denn noch immer existiert von der am 26. August plötzlich verschwundenen Rentnerin keine Spur. Der Sohn der Vermissten kann sich darauf keinen Reim machen. Gemeinsam mit seiner Frau hatte er sich seinerzeit als erster auf die Suche gemacht, als seine Mutter nicht wie gewohnt am Nachmittag wieder Zuhause ankam, nachdem sie gegen 12 Uhr aufgebrochen war. „Jeden Tag war sie mit dem

*Rund um Nossentiner Hütte konzentrierte sich die Suche.*

Fahrrad unterwegs", schilderte der Sohn und schluckte den Kloß im Hals runter. Aber nie richtig weit. Mal bis zum Kreisverkehr auf der Landesstraße in Richtung Malchow, mal bis nach Sparow. „Noch nie", legte er sich fest, „war sie mit dem Rad und erst recht nicht allein bis nach Alt Schwerin gefahren". Genau hier aber, so haben sich später Zeugen ganz genau erinnert, sei sie am Nachmittag ihres Verschwindens gesehen worden. In Jürgenshof, einem

*Irmtraud O.*)*

Alt Schweriner Ortsteil, so erzählt der Sohn der Vermissten, hat sie gleich zwei Mal den richtigen Heimweg erfragt. „Beide Mal sogar bei der gleichen Frau." Vergeblich. Denn seine Mutter, eine ehemalige Kindergärtnerin, sei zwar immer noch relativ fit, so der Sohn, aber doch schon leicht dement gewesen.

Hat sie es überhaupt noch aus der Gemarkung Alt Schwerin heraus geschafft? Die letzte Spur verliert sich in Richtung Quetzin, selbst hier bei Plau am See, etliche Kilometer von ihrem Heimatort entfernt, will sie und ihr rotes Fahrrad an jenem Schicksalstag noch jemand gesehen haben. Möglicherweise unterwegs zum Ehemann, der sich zu der Zeit in der Klinik in Plau am See von einer schweren Krankheit erholt. Genaues weiß niemand. Der Polizei konnte und wollte niemand der Angehörigen einen Vorwurf machen, die hätten, so hieß es immer wieder, das Menschenmögliche getan. Und von den Nachbarn erhalten sie ebenfalls viel Zuspruch, sagt der Sohn. Dem die Ungewissheit schwer zu schaffen machte, der aber mit dem Schlimmsten rechnete. Wenn man die Mutter finden würde, denkt er laut nach, könnte man wenigstens abschließen und trauern. Aber so? Wie lange kann Hoffnung währen? Er zuckt mit den Schultern, „Vier Wochen ist Mutter schließlich schon weg".

Vier Monate hielt die Ungewissheit an, bis zu jenem schlimmen Tag einen Tag vor Nikolaus im Dezember 2014. Ein Traktorist glaubte seinen Augen nicht zu trauen, darüber, was er bei Feldarbeiten nahe dem Ort Leisten bei Plau am See sehen musste: Eine teilweise skelettierte Leiche in einem Wassergraben. Die Feuerwehr musste die sterblichen Überreste aus dem morastigen Grund bergen. Neben der Leiche lag ein rotes Damenfahrrad. Genau das ist der Grund, warum die Polizei aus dem Nachbarkreis Ludwigslust-Parchim gleich Verbindung zu den Kollegen in der Müritzregion aufnahm. War das Irmtraud O.? „Unmöglich, vor Ort eine sichere Identifizierung zu machen", so Klaus Wiechmann von der Pressestelle der Polizeiinspektion Ludwigslust. „Das Fahrrad ist ein Indiz, mit so einem war die Vermisste unterwegs. Aber das bringt noch keine endgültige Klarheit. Wir müssen auf das Ergebnis der Rechtsmedizin warten." Die Polizisten in Röbel hatten die Angehörigen von Irmtraud O. aber gleich benachrichtigt. Ebenfalls mit Vorbehalt, natürlich. Aber letztlich musste die schlimme Nachricht doch überbracht werden. Die Tote war die vier Monate zuvor verschwundene Irmtraud O. Wie es die alte Dame aber bis Leisten geschafft hat, wo sie wahrscheinlich entkräftet zusammenbrach, wird wohl ein ewiges Rätsel bleiben. *) *Name von der Redaktion geändert*

# Suche nach Vermisster: Auch Hubschrauber im Einsatz

**NOSSENTINER HÜTTE.** So mancher Anwohner wunderte sich, als am Dienstagabend der Polizeihubschrauber über Nossentiner Hütte seine Kreise zog. Andere hatten die Nachricht da schon vernommen. Eine ältere Dame aus dem Ort gilt seit Dienstag als vermisst. Der Einsatz in den Lüften wurde am Mittwoch fortgesetzt, gab bis jetzt aber keinen Hinweis darauf, wo sich ▓▓▓▓▓▓▓▓▓▓▓▓▓▓ ▓▓▓▓ zur Zeit aufhält. Nach dem sich die Vermisstenmeldung herumgesprochen hatte, wurde sie am Dienstagabend gegen 21.30 Uhr noch einmal in Sparow gesehen.

„Es laufen jetzt eine ganze Reihe von Aktionen parallel", beschreibt Polizeisprecherin Eike Wiethoff. Neben der eigentlichen Suche würden Freunde, Verwandte aber auch Krankenhäuser abtelefoniert.

▓▓▓▓▓▓▓▓▓▓▓▓ **aus Nossentiner Hütte wird seit Kurzem vermisst.**
FOTO: K.▓▓▓▓▓▓

Auch das brachte bisher allerdings kein Ergebnis.

Eine offizielle Personenbeschreibung hat die Polizei erst am Mittwoch veröffentlicht. ▓▓▓▓▓▓▓▓ ▓▓▓▓▓▓▓▓ ist 75 Jahre alt. Als sie zuletzt gesehen wurde, trug sie eine gelbe Jacke und eine beige Hose. Sie ist etwa 1,60 Meter groß, hat kurze braune Haare und eine untersetzte Figur. Möglicherweise ist sie mit einem roten Damen-Fahrrad unterwegs. Hinweise nimmt die Polizei entgegen.

*Zeitungsausschnitt vom 28. August 2014/Nordkurier*

# Keine Spur von Vermisster

**NOSSENTINER HÜTTE.** Auch der zweite Tag der Suche bleibt erfolglos. ▓▓▓▓▓ ▓▓▓▓▓ ist weiter verschwunden. Die 75-Jährige aus Nossentiner Hütte wird seit Dienstag vermisst. Am Nachmittag wurde ▓▓▓▓▓ ▓▓▓▓▓ zuletzt gesehen, als sie mit dem Rad in Richtung Plau unterwegs war. Vermutlich trägt sie eine beige Hose und eine hellgelbe Jacke. Die Frau ist ungefähr 160 Zentimeter groß, untersetzt und trägt kurze braune Haare. Das

FOTO: POLIZEI

Fahrrad ist ein weinrotes DDR-Fabrikat mit silberfarbenen Schutzblechen, einem silberfarbenem Lenker und einer schwarzen Lampe am Lenker. Hinweise nimmt die Polizei auf jeder Dienststelle oder auch unter der Telefonnummer 0395 55822223 entgegen. **cs**

*Zeitungsausschnitt vom 29. August 2014/Nordkurier*

# Traktorist macht grausige Entdeckung

**Von Simone Pagenkopf**

Wochenlanges Suchen blieb ohne Erfolg. Könnte jetzt, drei Monate und neun Tage nach ihrem Verschwinden, eine Seniorin aus Nossentiner Hütte tot aufgefunden worden sein?

**LEISTEN/NOSSENTINER HÜTTE.** Es war ein schrecklicher Fund, den ein Traktorist nahe des Ortes Leisten bei Plau am See machte. Bei Feldarbeiten entdeckte er am Donnerstag eine teilweise skelettierte Leiche in einem Wassergraben. Die Feuerwehr musste sie aus dem morastigen Grund bergen. Neben der Leiche lag ein rotes Damenfahrrad. Genau das ist der Grund, warum die Polizei aus dem Nachbarkreis Ludwigslust-Parchim gleich Verbindung zu den Kollegen in der Müritzregion aufnahm. Am 26. August war hier die 75-jährige ▮▮▮▮ ▮▮▮▮ verschwunden. Wochenlang hatte die Polizei nach ihr gesucht. Ohne Erfolg.

Ob es sich bei der Leiche wirklich um die Rentnerin aus Nossentiner Hütte handelt, wird im Rahmen einer Untersuchung geklärt. „Es war unmöglich, vor Ort eine sichere Identifizierung zu machen", so Klaus Wiechmann von der Pressestelle der Polizeiinspektion Ludwigslust. „Das Fahrrad ist ein Indiz, mit so einem war die Vermisste unterwegs. Aber das bringt noch keine endgültige Klarheit. Wir müssen auf das Ergebnis der Rechtsmedizin warten."

Die Beamten in Röbel haben die Angehörigen von ▮▮▮▮ ▮▮▮▮ aber gleich benachrichtigt. Ebenfalls mit Vorbehalt. „Wir müssen die Identität klären und auch prüfen, was passiert ist, wie es zum Tod kam. Dazu brauchen wir die Rechtsmedizin", heißt es aus dem Röbeler Polizeirevier. Es stelle sich angesichts des Fundortes zudem die Frage, wie die Tote überhaupt dorthin kam.

▮▮▮▮ ▮▮▮▮ war am Tag ihres Verschwindens mit einem roten Damenrad unterwegs. Die Polizei hatte mit einem Großaufgebot anfangs um ihren Heimatort, um Silz und Alt Schwerin gesucht. Dann kamen Hinweise, dass die Rentnerin an der Karower Kreuzung gesehen wurde. Es wurde überlegt, ob sie ihren Mann im Plauer Klinikum besuchen wollte. Die Suche wurde ausgedehnt, mehrfach Spürhunde und Hubschrauber eingesetzt, an einem Wochenende kreiste auch eine Drohne, die Wasserschutzpolizei suchte zudem den Plauer See ab. Nichts. „Wir sind allen Hinweisen nachgegangen. Das Problem war, dass das Suchgebiet extrem groß war", sagt Polizeihauptkommissar Marco Röder.

**Kontakt zur Autorin**
s.pagenkopf@nordkurier.de

*Zeitungsausschnitt 6./7. Dezember 2014/Nordkurier*

94

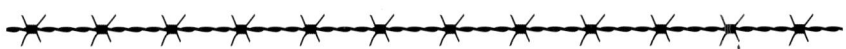

*Werner K.*)*

+ + + *Verschwunden im September 2016* + + +

# ■ Der Gang zur Garage

Ein Häufchen Elend sitzt neben dem Telefon und wartet auf den erlösenden Anruf. Die Ehefrau des in Neubrandenburg seit einem Sonntag Mitte September 2016 vermissten Rentners Werner K.\*) hat seit jenem schicksalhaften Tag kaum geschlafen. „Wie soll ich ruhen können, wo ich doch nicht weiß, wie es meinem Mann geht?" Vor lauter Sorgen könne sie kaum noch geradeaus denken, gesteht die Frau ein. Wo kann er sein? Diese Frage beherrscht die 75-Jährige in jeder Sekunde.

Dabei verlief der tragische Sonntag bis zum Mittag wie jeder andere auch. „Wir haben zusammen gegessen, dann hat mein Mann den Abwasch erledigt", erzählt sie. Wie immer. Als sie sich ein bisschen hinlegen wollte zur Mittagsruhe, ist ihr Mann aufgebrochen. Er wollte zur Garage, „dort nach dem Rechten sehen", erzählt die Neubrandenburgerin. Dort steht nämlich die „Familienkutsche", ein dunkelblauer Renault. „Ich habe ihn noch gebeten, aber nicht mit dem Auto zu fahren", erinnert sich die Ehefrau. Er sei nämlich, so erzählt sie, schon ein „bisschen tütelig". Trotzdem sei er immer noch gern kurze Strecken mit dem Auto unterwegs gewesen, so bis auf den Datzeberg und zurück. Um in der Übung zu bleiben, so lautete immer seine Begründung.

Als der Mann am Sonntagnachmittag immer noch nicht wieder zu Hause war, war die Unruhe in ihr schon fast mit den Händen zu greifen. „Jeden Sonntag um 16 Uhr hat er mit seiner Schwester, die in der Nähe Berlins lebt, telefoniert. Die beiden haben ein sehr inniges Verhältnis." Diese Uhrzeit habe er nie vergessen. Und als die Schwester anrief, musste ihr die Schwägerin sagen, er sei nicht zu Hause. Am Abend schließlich hat sie es nicht mehr ausgehalten und die Polizei alarmiert.

Aber deren Fahndung und die Suchen blieben bislang ergebnislos. Wo ist Werner K.? Dessen Ehefrau weiß keine vernünftige Erklärung. „Er muss doch auch seine Medizin nehmen", sagt sie. Früher, erzählt sie, sei das Paar gern im Wald gewesen. „Wir waren begeisterte Spaziergänger." Vielleicht, überlegt die einsame Frau, habe sich der Mann ganz kurzfristig und ohne ihr Bescheid zu geben, dazu entschlossen, nach Pilzen zu suchen. Hat sein Auto irgendwo am Waldrand abgestellt und sich dann im Wald verirrt.

Die Polizei unternimmt alles Mögliche, den Mann doch noch zu finden. Die mögliche Erklärung, der ältere Herr ist zur Pilzsuche aufgebrochen, sei in die Ermittlungen einbezogen, so eine Sprecherin der zuständigen Polizeiinspektion Neubrandenburg.

Nur wenige Tage später machten neue Details die ganze Angelegenheit noch rätselhafter. Denn als an jenem Abend der Hilferuf der verzweifelten Ehefrau bei der Polizei in Neubrandenburg einging, war die genannte Adresse in der Stadt für die Beamten keine unbekannte Anschrift mehr. Denn nur wenige Tage zuvor ging von dort eine Anzeige im Hauptrevier der Viertorestadt ein. Das Rentner-Ehepaar beklagte den Diebstahl von mehreren Tausend Euro, die in der Wohnung aufbewahrt lagen. Wie viel Geld genau den älteren Leuten gestohlen wurde, wollten die Kripo-Beamten nicht preisgeben – aus „ermittlungstaktischen Gründen", wie es seinerzeit hieß. Ebenso wenig darüber, wie das Geld nun abhanden kam. Alles nur ein purer und böser Zufall, das zwischen dem Diebstahl und dem rätselhaften Verschwinden des Neubrandenburgers nur drei Tage lagen? Die Ermittler zucken noch mit den Schultern: Wie soll das zusammenpassen? Was haben ein paar Tausend Euro mit der vermaledeiten Vermisstensache zu tun? Denn die allein bereitet den Kriminalisten schon genug Sorgen. Seit Tagen schon laufen die Suchmaschinen heiß, schon muss man mit dem Schlimmsten rechnen. Die Fahndung nach Fahrer und Fahrzeug läuft mittlerweile bundesweit, aus Gründen der „Gefahrenabwehr", wie es bei der Polizei heißt. Gefahrenabwehr aus Sorge um die Sicherheit des Mannes, der auf Medikamente angewiesen ist. Denn inzwischen

*Was hat Werner K\*) bewogen, einfach loszufahren?*

kann der Rentner theoretisch schon Hunderte Kilometer weit entfernt sein.

Oder hat er sich doch auf eine unfreiwillige lange Reise begeben? Wie jenes Ehepaar aus Neubrandenburg zwei Jahre zuvor. Die mit dem Auto eigentlich zu einem Verwandtenbesuch nach Rostock wollten, viele Stunden später aber von der Polizei im bayerischen Aschaffenburg gefunden wurden – desorientiert und dehydriert. Der Nordkurier organisierte seinerzeit Hilfe, die Arbeiterwohlfahrt (AWO) in Neubrandenburg hatte sich kurz entschlossen bereit erklärt, mit Chauffeuren und medizinischem Personal die beiden aus dem Süden Deutschlands abzuholen. Ein glückliches Ende einer langen Irrfahrt.

Werner K. aber ist nach wie vor verschwunden, an eine Irrfahrt über deutsche Autobahnen mag nach sechs Tagen niemand mehr glauben. Zumal seine Frau immer wieder bekräftigte, ihr Mann habe mit dem Auto nur noch kurze Trips unternommen.

Eine tragische Fehleinschätzung. Denn, wie eine knappe Woche später ans Licht kam, erlitt ihr Mann zwei Tage nach seinem Verschwinden in Polen einen Unfall und liegt in einem Krankenhaus in der Wojewodschaft Westpommern. Da von der polnischen Polizei zunächst keine Angehörigen ermittelt werden konnten, sei die Information auf dem Weg über das Generalkonsulat, das Bundeskriminalamt und das Landeskriminalamt letztlich an die örtlich zuständige Polizeidienststelle in Neubrandenburg gelangt.

Aber – was Werner K. in den zwei Tagen bis zu seinem Unfall gemacht hat und was er in Polen wollte, oder ob er sich einfach auf einer Irrfahrt befand, wird nie mehr jemand beantworten können. Werner K., der mit einem polnischen Krankentransport in das Bonhoeffer-Klinikum der Viertorestadt verlegt wurde, starb hier drei Wochen nach der Fahrt ins Ungewisse an den Folgen seiner schweren Verletzungen, die er sich bei dem Unfall zugezogen hat. Ohne je wieder ein Wort gesprochen zu haben.

*) Name von der Redaktion geändert

## DRITTER TEIL

# WENN AUCH „AKTENZEICHEN XY" NICHT HELFEN KANN

*Gerda Wiese*

## KAPITEL I

### GERDA WIESE

*+ + + Vermisst seit Dezember 2015 + + +*

# ■ Der Spaziergang ins Nirgendwo

Priborn ist längst nicht mehr das, was es früher mal war. Die kleine Gemeinde an der südlichen Müritz galt zu DDR-Zeiten als das
Vorzeigedorf für die nahe und weite Umgebung. Nichts, was es in
Priborn nicht gab. Sogar einen kleinen Kulturpalast nannte Priborn
sein Eigen, keine geringeren als die Puhdys spielten hier schon auf.
Zu verdanken hatten das die Priborner dem eigenen Fleiß in der
starken landwirtschaftlichen Genossenschaft und einem mächti-
gen LPG-Vorsitzenden. Fritz Dallmann hieß der, und der war aus

*Der Fall beschäftigte auch die Fernsehsendung „Aktenzeichen XY".*

dem Stoff, aus dem Legenden gewebt werden. Wenn dem etwas auf herkömmlichem Wege zu lange dauerte, nun, dann konnte Fritz Dallmann auch zum „Partisanen" werden. Die Geschichten um Dallmann können nachgelesen werden, Helmut Sakowski, der Schriftsteller aus Neustrelitz, hat sie alle aufgeschrieben in seinem Büchlein „Zwei Zentner Leichtigkeit".

Heute teilt Priborn sein Schicksal mit vielen anderen kleinen Dörfern in der mecklenburgischen Seenplatte: Keine Schule mehr, der Konsum längst verlassen, und das Kulturhaus ist verriegelt und verrammelt. Und trotzdem hat es Priborn im Dezember 2015 in die Schlagzeilen geschafft. Aus einem ganz besonders tragischen und unglücklichen Grund. Am 5. Dezember, einem Sonnabend vor Nikolaus, verschwand die 67-jährige Gerda Wiese auf eine so rätselhafte Art und Weise, dass selbst erfahrene Kriminalbeamte sich an keinen ähnlichen Fall erinnern konnten. Einen Tag später meldeten ihre Angehörigen die Rentnerin als vermisst. Die Frau hatte ihre Kinder zum Sonntagsessen eingeladen und alle Zutaten schon bereit gelegt. Millionen Fernsehzuschauern wurde das Schicksal der Gerda Wiese später nahe gebracht, als die ZDF-Serie „XY-ungelöst" darüber berichtete.

Zeugen sagten aus, sie hätten ihre Nachbarin am Nachmittag bei dem Start zu einem Spaziergang beobachtet. Dann verliert sich ihre Spur. Die unternehmenslustige Pribornerin kehrte nie wieder nach Hause zurück. Die Polizei hält nach wie vor alles für möglich – weil eben nichts hundertprozentig ausgeschlossen werden kann. Eine Entführung genau so wie ein Tötungsverbrechen, oder, wenn auch schwer vorstellbar, die Rentnerin hat sich während des Spaziergangs verlaufen, aus eigener Kraft den Weg zurück nicht mehr gefunden und hat irgendwo in den Wäldern rings um die Gemeinde den Tod gefunden. Oft jedenfalls verlassen, nach der gängigen Erfahrung der Polizei, Menschen ihr gewohntes Umfeld und verschwinden, weil sie verwirrt sind, unter psychischen Problemen leiden oder weil es in der Familie handfesten Streit gegeben hat. Doch Gerda Wiese passte in keines dieser Muster. Die Frau war, jedenfalls nach allem, was die Fahnder wussten und wissen, in guter körperlicher Verfassung, psychische Probleme waren nicht bekannt, an Zank und Streit wusste sich niemand zu erinnern. Die Umstände ihres Verschwindens unterschieden sich deutlich von anderen Vermisstenfällen.

Die mögliche Erklärung, sie hat sich verirrt, erscheint aber auch viele Monate nach dem Verschwinden der ehemaligen Lehrerin als eher unwahrscheinlich. Denn – die Suche nach ihr zog damals zwischen Nikolaus und Weihnachten 2015 eine der größten Suchaktionen in der Geschichte des Landes Mecklenburg-Vorpommern nach sich. Hunderte Polizisten durchstöberten die Wälder, ein Polizeihubschrauber erhob sich in den klaren Himmel über der südlichen Müritz, Spürhunde waren unterwegs, und Taucher stiegen während der Suche ins eiskalte Wasser einiger Seen.

Aber selbst die Hunde mussten passen. Dabei waren hier die besten Vierbeiner am Start, darunter auch Rettungshundestaffeln des Arbeiter-Samariter-Bundes und des Deutschen Roten Kreuzes. Elf Stunden suchten bald nach dem Eingang der Vermisstenmeldung die „Super-Spürnasen" nach der Rentnerin in Priborn. Die Trupps durchforsteten Waldgebiete, Landstraßen, die gesamte nähere Umgebung. Ausgerüstet mit Laptops, genauen Karten des Gebietes und GPS-Geräten. „Wir haben nichts gefunden", sagte am Ende Wilhelm Stahlhut, der als Abschnittsführer den Einsatz der Teams leitete. Der damals auch eine mögliche Ursache für den Nichterfolg parat

*Ein riesen Aufgebot an Polizeiwagen bestimmte das Dorfbild.*

*Rot-weißes Flatterband zeugt von der Dramatik, doch gefunden wurde nichts.*

hatte: Flächensuchhunde sind darauf ausgebildet, in unwegsamem Gelände oder in großen Waldflächen Verschwundene aufzuspüren. „Sie sind auf menschlichen Geruch spezialisiert und versuchen, die Person zu orten." Doch in Priborn blieb der Erfolg aus - obwohl die Spezialisten mit ihren Vierbeinern sehr früh am Einsatzort waren und obwohl auch die Wetterbedingungen – es hatte nicht geregnet oder geschneit – günstig waren. Die Schwierigkeit im Fall der Gerda Wiese bestand darin, dass der letzte Aufenthaltsort der Frau zu ungewiss war. „Das Areal ist sehr weitläufig", bedauerte Stahlhut, „wir mussten uns auf einige Schwerpunkte konzentrieren". Viel Hoffnung setzte die Polizei an dem Tag auch auf jemanden aus ihren eigenen Reihen, den fünf Jahre alten Personenspürhund „Helge von

*Wann findet dieses Dorf seine Ruhe wieder und erhält Gewissheit?*

Bierhof" aus Rostock, der für die Suche nach Priborn reiste. Spezialisten wie dieser Jagdhundmischling sind so ausgebildet, dass sie sogar den individuellen Geruch eines Menschen wahrnehmen und verfolgen können. Die Tiere benötigen dafür lediglich eine Geruchsprobe der gesuchten Person. Haben sie dann Witterung aufgenommen, können sie die Spur über mehrere Kilometer verfolgen – auch noch nach Tagen. Doch auch „Helge von Bierhof" führte die Einsatzkräfte nicht zu der Frau. Wieder war ein Stück Hoffnung, Aufklärung über das Schicksal der Gerda Wiese zu erlangen, zerstört.

In der Sonderermittlungsgruppe der Polizei arbeiteten Tage nach dem Eingang der Vermisstenmeldung 40 Kriminalbeamte. Die befragten sämtliche Einwohner des Ortes, die Angehörigen und die Bekannten der früheren Lehrerin. Zeitweise wurde das Spritzenhaus der Priborner Feuerwehr als Lagezentrum der Ermittler und Fahnder genutzt, wo die Suche koordiniert wurde. Beamte mit schlammverschmierten Stiefeln, die sich dort ihre weißen Plastikbeutel mit Verpflegung abholten, gehörten tagelang zum Dorfbild. Die Polizisten waren bei der Suche aber längst nicht allein. Rund 100 freiwillige Helfer standen schon am Montag nach dem Verschwinden bereit, um zu unterstützen. Mitglieder der Freiwilligen Feuerwehren aus Priborn und den Nachbardörfern Melz, Rechlin, Vipperow und Schwarz beteiligten sich an der Suche, initiiert hatte das Ganze ein Aufruf in sozialen Netzwerken. Eine der Freiwilligen war Nadine M., Wehrführerin in Priborn – und eine ehemalige Schülerin der Lehrerin. Die sei, begründete die Löscherin und Retterin ihr Engagement, zu ihren Schülern immer nett, freundlich, offen und fair gewesen. Andere schmierten Hunderte Brötchen und kochten viele Kannen Kaffee für die Helfer. Umsonst. Auch für die Tochter der Vermissten schwand mit jedem Tag ohne Erfolgsmeldung

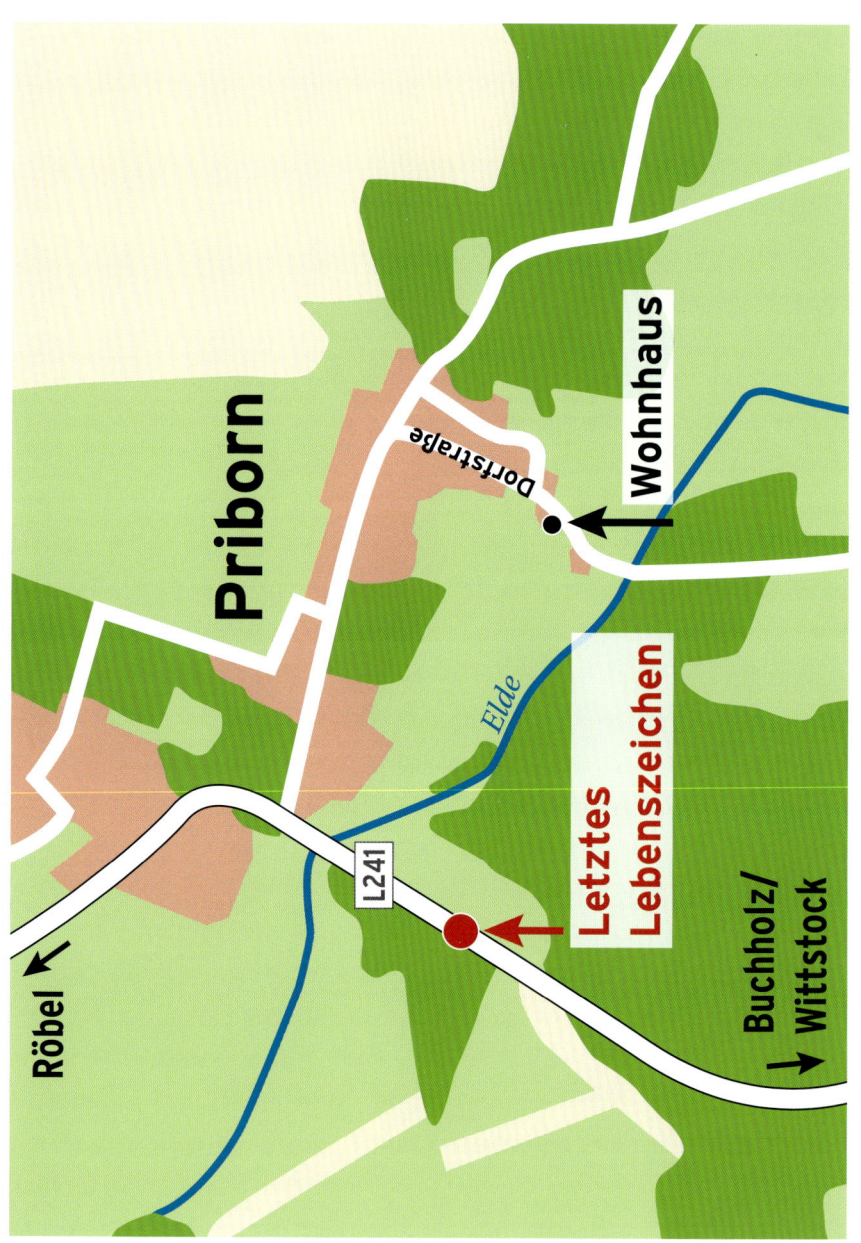

Priborn

Dorfstraße

Wohnhaus

Elde

Letztes
Lebenszeichen

L241

Röbel

Buchholz/
Wittstock

die Hoffnung, ihre Mutter jemals noch wiedersehen zu können. „Meine Mutter ist immer ein lebenslustiger Mensch gewesen, mit einem ganz großen Freundeskreis. Sie hat ihr Leben genossen", erzählte die Tochter seinerzeit.

Nach immerhin zwölf Tagen schien es endlich so etwas wie eine Spur zu geben. Ermittler vernahmen zwei Männer aus dem Dorf „wegen eines leichten Anfangsverdachts", wie es im Polizeideutsch hieß. Die Befragung ergab aber keine konkreten Hinweise, zu einer Festnahme ist es nie gekommen. Auch die Durchsuchungen in den Wohnungen, den Garagen und Autos der Männer blieb ohne neue Anhaltspunkte über den Verbleib der Rentnerin. Zwei Tage vor Heiligabend rückte die Polizei zur letzten großen Suchaktion

*Ein Foto aus guten Tagen: Gerda Wiese.*

aus, danach wurde die Suche nach der 67-Jährigen vorläufig eingestellt. Die Polizeisprecherin des zuständigen Neubrandenburger Präsidiums, Nicole Buchfink, nannte den traurigen Fakt „sehr bedrückend". Aber die Polizei hatte nichts in den Händen. „Keine Anhaltspunkte, wo wir noch nach ihr suchen können", so hieß es weiter. Immerhin, rund 900 Hektar teilweise völlig unwirtliches Gelände rund um Priborn wurde akribisch abgesucht, nahezu täglich durchkämmten Bereitschaftspolizisten die Wälder und sumpfigen Senken. Gut 300 Menschen wurden befragt und 30 Hinweisen nachgegangen. Ohne Ergebnis. DNA-Spuren auf zwei Nordic-Walking-Stöcken und Handschuhen, die bei der Suche gefunden wurden, sind mit denen der Verschwundenen verglichen worden, aber auch hier hatten die Ermittler kein Glück.

*Trotz groß angelegter Suche blieb die Pribornerin verschwunden – wie lange noch?*

# ■ Kein Lebenszeichen

Die Polizei stellte die Suche ein, aber nicht die Ermittlungen, wie es offiziell hieß. Eine zermürbende Ungewissheit für die Familie. „Ich dachte immer mal wieder, dass ich den Verstand verliere", gestand die verzweifelte Tochter ein, die zu Beginn des ersten neuen Jahres ohne die Mutter auch von „unerträglichen Weihnachtstagen" sprach. Sie fürchtete damals nichts weniger als den Stillstand der Ermittlungen und dass ihre Mutter von der Polizei vergessen wird. Die Ermittler gingen aber sogar ins Fernsehen mit dem unerklärlichen Fall. Schon im Februar 2016 zum Mitteldeutschen Rundfunk (MDR), wo in der Sendung „Kripo live" um Mithilfe gebeten wurde und schließlich im Herbst zur „Mutter" aller Fahndungssendungen. Der Kriminalhauptkommissar Olaf Hildebrandt stellte bei „Aktenzeichen XY-ungelöst" die Vermisstensache vor. Schon im Sommer 2016 baten die Neubrandenburger Ermittler das ZDF, den Fall nachzustellen und auszustrahlen. Ein Kripo-Beamter aus der Viertorestadt reiste nach München, Fernseh-Journalisten nach Neubrandenburg und Priborn, um am Wohnort der Vermissten zu drehen und so möglichst authentisch sein zu können. Fast die letzte Hoffnung der Ermittler und der Familie, endlich Licht ins Dunkle bringen zu können und den entscheidenden Hinweis auf die quälende Frage zu erhalten: Wo ist die Rentnerin, die ehemalige Lehrerin, die Mutter zweier Kinder und Großmutter? Aber – auch die millionenfache

*Auch Taucher waren im Einsatz und suchten an den Gewässern.*

Anteilnahme der Fernsehzuschauer an dem tragischen Fall hat keinen Schritt vorangebracht. Bei der Polizei und der Staatsanwaltschaft sind zwar in der ersten Woche nach der Sendung 32 Hinweise zu der Vermisstensache eingegangen – der ganz wichtige Tipp ist trotz der mittlerweile ausgesetzten Belohnung von 2500 Euro nicht dabei gewesen. Die ganze Nacht nach der Ausstrahlung der Sendung am Mittwoch Abend saß eine Polizistin am Telefon und hat jeden Hinweis, jedes Detail notiert. Erst am Donnerstag Nachmittag war Schluss für sie. Einiges davon war den Ermittlern ganz neu und unbekannt, letztendlich aber auch wertlos. Gerd Zeisler, Sprecher der Neubrandenburger Staatsanwaltschaft, musste sogar einige der eingegangenen Hinweise als „völlig unbrauchbar" deklarieren. Nicht zum ersten Mal mussten die Fahnder und Ermittler die erschreckende Bilanz ziehen, dass einige Zeitgenossen selbst ein

*Die Zahl der Einsatzkräfte im Ort war groß.*

118

# Gerda Wiese entführt? TV stellt Ablauf nach

# Viele Helfer suchen nach vermisster Pribornerin

# Erste Hoffnung geplatzt: 32 Tipps zu Gerda Wiese

# Suche eingestellt: „Die Situation ist bedrückend"

*Jeden Tag neue Schlagzeilen in der Zeitung - aber nicht die erlösende Nachricht.*

solches schlimmes Schicksal wie jenes aus Priborn nicht davon abhält, alberne oder falsche Angaben zu machen.

Dabei schien es für einen kurzen Moment, als könne alles aufgeklärt werden. Die Ermittler hörten wenige Tage nach der Ausstrahlung von „XY-ungelöst" von dem Fund einer bis dato unbekannten Leiche, nur rund 100 Kilometer von Priborn entfernt. Doch sehr schnell stellte sich heraus, bei dem beklagenswerten Fund handelte es sich um die sterblichen Überreste eines Mannes.

Überhaupt, mit den Fällen aus der Neubrandenburger Region und der Seenplatte, die in der bekannten ZDF-Sendereihe vorgestellt wurden, hatte die Polizei bislang nur wenig Glück. Schon vor Jahren gelang es der Neubrandenburger Kripo, gleich zwei ihrer kniffligsten Fälle den Mainzer Fernsehmachern ans Herz zu legen. Aber weder die filmische Rekonstruktion der Ermordung der 21-jährigen Krankenschwester Anne S. aus Dresden, die im Sommer 1992 in den Wäldern bei Blankensee zwischen Burg Stargard und Neustrelitz zu Tode kam, noch die brutale Ermordung des Demminer Autohändlers Martin K. im August 2003, um dessen Aufklärung die Sendereihe im März 2005 bemüht war, führten in den Wochen nach der Ausstrahlung zu dem gewünschten Erfolg. Seit Oktober 1967 sucht die Sendereihe mit wechselndem Erfolg nach Tätern. In die Sendung nehmen die Verantwortlichen nur die Fahndung nach Kapitaldelikten, also besonders schweren Verbrechen, auf. Alle herkömmlichen Mittel der Polizei müssen ausgeschöpft sein, bevor sich „XY" des Falls annimmt. Als letzter Strohhalm sozusagen.

Neben dem Leichenfund hatte vor allem ein silberfarbenes Auto den Ermittlern Anlass zur Recherche gegeben, das am 6. Dezember 2015 ohne Licht in dem Wald gesehen worden sein soll, in den auch Gerda Wiese wahrscheinlich am Tag ihres Verschwindens zu ihrem

Spaziergang aufbrach. Deshalb will die Polizei immer noch wissen, ob jemand dieses Auto gesehen hat. Die Akte des offiziell immer noch als Vermisstensache behandelten Falls ist nicht geschlossen. Die Polizei sucht weiter. Aber wo?

In tragischen Fällen wie diesem, so heißt es jedenfalls bei der Polizei, ist immer davon auszugehen, dass dem oder der Vermissten ein Unglück widerfahren ist. Wann kommt die Wahrheit ans Licht?

In Priborn indes geht das Leben längst wieder seinen gewohnten Gang – aber so wie vorher ist es nicht mehr.

# „Uns lässt der Fall auch nicht mehr los"

Von Udo Roll

Fast auf den Tag genau sechs Monate ist her, dass in Priborn eine 67 Jahre alte Frau plötzlich verschwand. Erfolglos wurde wochenlang nach der Rentnerin gesucht. Und heute? Eine Nachfrage bei der Mordkommission.

NEUBRANDENBURG/PRIBORN. Die Fotos aus Priborn, Dokumente mit Zeugenaussagen, Notizen und Landkarten haben die Ermittler in schwarze und gelbe Ordner abgeheftet. Acht Aktenordner füllt der Fall Gerda Wiese mittlerweile. Wie griffbereit stehen sie auf einem Regal der Mordkommission in Neubrandenburg. „Uns lässt der Fall auch nicht los", sagt eine Polizeisprecherin. Am 5. Dezember war die 67 Jahre alte Frau aus Priborn verschwunden. Dass die Rentnerin einem Verbrechen zum Opfer gefallen ist, gilt als sehr wahrscheinlich. Doch einen eindeutigen Hinweis darauf gibt es bis heute nicht. Und das ist auch das große Problem der Ermittler in diesem mysteriösem Fall. Über Wochen haben hunderte Polizisten die Umgebung durchkämmt, Spürhunde wurden eingesetzt, Anwohner und Bekannte befragt. Erfolglos. Sie fanden keine heiße Spur. Der Fall sei aber nach wie vor hoch angesiedelt, betont die Polizeisprecherin. In der Abteilung für Kapitalverbrechen. Kollegen sagen über den Leiter der Abteilung: Der Mann gebe niemals auf. Vielleicht wird er eines Tages die Antwort finden, warum die Frau aus Priborn einfach verschwand.

## Protokoll einer Spurensuche

**Mai 2016**
Der Fall Gerda Wiese wird weiter von der Mordkommission in Neubrandenburg bearbeitet. Die Ermittlungsgruppe zu diesem Fall ist noch nicht aufgelöst worden, teilt eine Sprecherin dazu mit. Einen echten Anhaltspunkt haben die Beamten aber nach wie vor nicht.

**März 2016**
Überraschend nimmt die Polizei Mitte März die Suche nach der Vermissten kurzzeitig noch einmal auf. Nach einem Hinweis aus der Bevölkerung suchen Rettungskräfte der Wasserwacht einen See bei Röbel mit Sonar ab. Die Bootscrew entdeckt mehrere Schatten auf dem Grund - sie entpuppten sich aber als Äste.

**Februar 2016**
Die Polizei geht erneut an die Öffentlichkeit. Der Fall wird in der TV-Sendung „Kripo live" im MDR ausgestrahlt. Darin wird auch eine mögliche Entführung der Rentnerin mit einem dunklen Auto dargestellt. Für einen solchen Ablauf gebe es allerdings keine Hinweise, kommentierte ein Sprecher der Staatsanwaltschaft später die Szene. Man habe keine wirklich heiße Spur. Zu diesem Zeitpunkt haben die Ermittler etwa 30 von 40 Hinweisen abgearbeitet.

**Dezember 2015**
**23.12.** Einen Tag vor Weihnachten stellt die Polizei die umfangreiche Suche nach der vermissten Frau aus Priborn ein. Mehr als zwei Wochen lang waren in dem Gebiet der Priborner Heide täglich bis 100 Polizisten im Einsatz. Das abgesuchte Gebiet betrug 900 Hektar. „Es tut uns sehr leid." Aber es gebe keinerlei Anhaltspunkte, wo noch gesucht werden könnte, teilte eine Polizeisprecherin mit.
**18.12.** Es klingt nach einem Durchbruch: Die Kripo hat zwei vermeintliche Tatverdächtige im Visier. Die Staatsanwaltschaft leitet Ermittlungen gegen die beiden

Männer aus dem Dorf ein. Es gibt Durchsuchungen, die Verdächtigen werden vernommen. Dann die Ernüchterung: Der leichte Anfangsverdacht bestätigt sich nicht.
**15.12.** Taucher der Bereitschaftspolizei untersuchen Wasserlöcher und Teiche rund um Priborn. Die Männer waten durch Fäkalien und Gülle. 100 Beamte durchkämmen das Waldgebiet rund um Priborn und nehmen leer stehende Gebäude unter die Lupe. Spürhunde werden eingesetzt. Die Ermittler befragen Dorfbewohner und Bekannte der Vermissten.
**9.12.** Wegen der rätselhaften Umstände hält die Polizei nun auch ein Tötungsverbrechen für möglich. Es wird eine Sonderermittlungsgruppe gebildet. 40 Kriminalbeamte sind in der Region im Einsatz, die das Umfeld der 67-jährigen Frau genauer beleuchten sollen. Auch die groß angelegte Suche mit etwa 170 Polizisten und Feuerwehrleuten wird fortgesetzt. Selbst erfahrene Beamte sprechen mittlerweile von einem „mysteriösen Fall".
**5./6.12.** Die 67-jährige Gerda Wiese ist spurlos verschwunden. Die Polizei leitet noch am Sonntag eine groß angelegte Suchaktion ein. Die Rentnerin hatte ihr Kinder am Adventssonntag zum Essen eingeladen. Als die Verwandten mittags kamen, war die Frau nicht mehr zu Hause. Der Weihnachtsbraten lag zum Auftauen in der Spüle. uro

Gerda Wiese. FOTO: PRIVAT

Auf der Suche nach der verschwundenen Gerda Wiese durchkämmten etwa 60 Bereitschaftspolizisten am Dienstag ein Waldgebiet bei Priborn. FOTO: UDO ROLL

*Zeitungsausschnitt vom 4./5. Juni 2016/Nordkurier*

# ■ Vager Verdacht

Mitte März 2017 keimte bei den Ermittlern leise Hoffnung auf, möglicherweise doch etwas von der spurlos verschwundenen Frau entdeckt zu haben. Denn der Fund von Knochenteilen an einem Sonntagnachmittag in einem Waldstück bei Rheinsberg im Landkreis Ostprignitz-Ruppin (Brandenburg) sorgte auch in der Müritzregion für reichlich Spekulationen. Priborn und das brandenburgische Städtchen Rheinsberg trennen nur knappe 40 Kilometer.

„Es wurde nicht direkt eine Leiche gefunden, sondern Skelettteile", bestätigte Dörte Röhrs, Pressesprecherin der Neuruppiner Polizei, am Tag nach dem Fund. Kolportierte Berichte, wonach es sich bei dem Fund um Stücke eines skelettierten menschlichen Beines handeln soll, wollte sie nicht bejahen. „Da muss erst noch die Rechtsmedizin drüber gucken. Es deutet aber alles auf eine längere Liegezeit hin", so Röhrs weiter. Die Mordkommission der Polizeidirektion Nord habe die Ermittlungen übernommen und den Bereich weiträumig abgesucht. „Mordkommission deshalb, weil die Kollegen in der Richtung die Qualifiziertesten sind."

Die gefundenen Knochen gehen zur Rechtsmedizin nach Potsdam und würden dort näher untersucht. Dabei besonders im Fokus: Geschlecht, Alter, Liegezeit. Gleichzeitig stehe man aber in engem Kontakt mit den Kollegen aus Mecklenburg-Vorpommern – werden doch verschiedene Vermisstenfälle dies- und jenseits der Landesgrenze überprüft. Dörte Röhrs: „Klar zählt Gerda Wiese dazu. Aber wir haben auch selber den Fall einer Frau, die seit 2013 gesucht wird. Da wird nun genau geschaut, was passen könnte."

Die Knochenteile waren vom Hund eines Spaziergängers am Rheinsberger Böbereckensee gefunden worden. „Danach waren gleich Kollegen der Rettungshundestaffel da, weil die Leichenspürhunde haben. Und die Kameraden der Freiwilligen Feuerwehr haben ebenfalls bei der Suche bis in die späten Abendstunden geholfen und den Bereich ausgeleuchtet", berichtet Dörte Röhrs.

Doch schon Tage danach überwog bei dem Neubrandenburger Kripo-Mann Frank Taggesell, dem Leiter des Fachkommissariats „Leben und Gesundheit" die Skepsis. Die Knochen, ist sich der erfahrene Kriminalist sicher, gehören nicht zu der vermissten Frau aus Priborn.

# Knochen gefunden: Ist es Gerda Wiese?

**Von Florian Ferber**

Die Polizei prüft nach dem Fund von Skelettteilen Vermisstenfälle und schaut dabei auch nach MV.

**RHEINSBERG.** Bei Rheinsberg im Landkreis Ostprignitz-Ruppin in Brandenburg sind Teile eines Skeletts gefunden worden. „Es wurde nicht direkt eine Leiche gefunden, sondern Skelettteile", bestätigte Dörte Röhrs, Pressesprecherin der Neuruppiner

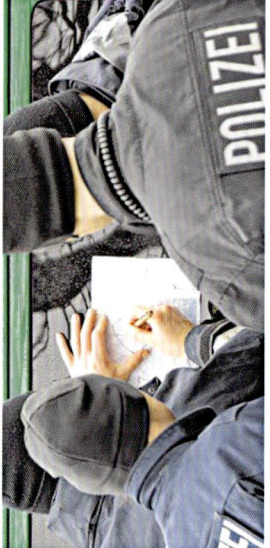

FOTO: UDO ROLL

Polizei, auf Nachfrage. Es deute alles auf eine längere Liegezeit hin.

Der Fund sorgt auch in der Müritzregion für Spekulationen. Schließlich ist der Fall der dort spurlos verschwundenen Gerda Wiese noch immer ungelöst – und Priborn von Rheinsberg nur knappe 40 Kilometer weit entfernt.

„Unsere Mordkommission hat die Ermittlungen übernommen und war am Montag vor Ort, hat den Bereich abgesucht. Wir prüfen uns bekannte Vermisstenfälle, und dazu zählt auch Gerda Wiese", so Dörte Röhrs weiter. „Mordkommission deshalb, weil die Kollegen in der Richtung die qualifiziertesten sind." Die Knochen kämen nun zur Rechtsmedizin und

Auf der Suche nach der verschwundenen Frau hat die Polizei schon viele Suchaktionen gestartet - bisher alle erfolglos.

würden da untersucht. Die damals 67-jährige war im Dezember 2015 verschwunden. Alle Suchaktionen blieben bislang erfolglos.

**Kontakt zum Autor**
f.ferber@nordkurier.de

*Zeitungsausschnitt vom 14. März 2017*

## VIERTER TEIL

# DER VATERMORD

*Carsten E.\*)*

## KAPITEL I

## CARSTEN E.*)

+ + + *Verschwunden im April 2002* + + +

# ■ Eine tickende Zeitbombe, die plötzlich verschwand

Die Vorgärten sind sauber und der Rasen frisch geschnitten. Weiß blitzen die Fassaden der frisch renovierten Fachwerkhäuser. Das Dorf, am Rande der Friedländer Großen Wiese gelegen, macht einem ländlichen Idyll alle Ehre. Doch der Schein trog, wenigstens zu Beginn des neuen Jahrtausends. Denn statistisch gesehen, lebte es sich damals in keinem Ort Mecklenburg-Vorpommerns gefährlicher als in dem besagten Dorf. In den ersten drei Jahren des frisch geborenen Millenniums waren hier von Bewohnern der Kommune drei schwere Gewaltverbrechen verübt worden. Im Juni 2000 hatte ein damals 15-Jähriger aus dem Dorf zwei Frauen aus der Nachbarschaft mit Axt und Messer attackiert. Eine der Betroffenen sitzt noch heute im Rollstuhl, der Täter musste mit fünf Jahren Haft für den blutigen Überfall büßen. Nur ein Dreivierteljahr später geriet die Dorfidylle erneut ins Wanken. Ganz in der Nähe fanden Zeugen die Leiche eines Pferdehändlers aus Recklinghausen in Nordrhein-Westfalen. Im April 2001 verhaftet die Polizei deshalb einen 18-jährigen Burschen aus dem Dorf unter dem dringenden Tatverdacht, den Geschäftsmann aus dem Westen erstochen und beraubt zu haben. Zwölf Jahre Freiheitsstrafe verhängten die Richter seinerzeit gegen den jungen Mann.

Nur zwölf Monate danach verschwand urplötzlich der Mittvierziger Carsten E.*) aus dem Ort. Normalerweise ist so etwas Anlass zu viel Gerede und Gerüchten in der dünn besiedelten Gegend, wo sich die Leute selbst über Dorfgrenzen hinweg fast alle kennen. Nicht aber bei Carsten E. Im kleinen Dorfkonsum im Nachbarort schüttelten damals die Leute mit dem Kopf, als sich der Nordkurier dort um-hörte. Gewundert habe das keinen, sagten die, der wäre doch wohl öfters weg. Aber noch nie so lange - bisher jedenfalls. Zwar hatte die Polizei den Mann zur Fahndung ausgeschrieben, weil gegen ihn ein Haftbefehl vorlag wegen Nichterscheinens vor Gericht, als wegen des Vorwurfs der Körperverletzung über ihn verhandelt werden sollte. Allzu intensiv indes wurde die Suche nicht betrieben, erzählten die Leute.

Erst im Mai des Jahres 2003 wurde der Mann, den Einwohner als brutal schilderten, wieder zum Gesprächsthema. In einem Wald bei Friedland fand die Polizei die stark verweste Leiche des Vermiss-ten. So gut versteckt, wie seinerzeit ein Polizeibeamter gegenüber dem Nordkurier zugab, „dass wir ihn allein nie gefunden hätten". Geholfen hat der Polizei die 17-jährige Tochter des Opfers. Sie und ihr knapp zehn Jahre älterer Ex-Freund galten als Schuldige, den Mann getötet zu haben. Beim damals größten Arbeitgeber der Ge-gend, dem Arbeitsförderungs- und Bildungsverein, überwog das Mitleid mit der mutmaßlichen Täterin bei weitem der Trauer über das Opfer. Carsten E. hat hier einige Male in Arbeits-Beschaffungs-maßnahmen Lohn und Brot gefunden. Überzeugt hatte er nicht, erzählte eine resolute Frau im Büro. Ihren Namen sagte sie nicht („Man kommt so schnell ins Gerede"). Die Arbeit jedenfalls soll Carsten E. nicht erfunden haben, meinte die Ex-Kollegin. Und weil man hier redet, wie der Schnabel gewachsen sei, fiel deshalb auch aus den Reihen der Kollegen manch herbes Wort ihm gegenüber. Aus verletzter Eitelkeit hätte Carsten E. daher sogar schon versucht, die Verwaltungsbaracke des Fördervereins anzuzünden. Gott sei Dank sei ein Kollege zufällig dazu gekommen und konnte die Untat verhindern, erzählte sie weiter.

Gemunkelt wurde auch, sagen die Ex-Kollegen, dass E. früher wegen eines Raubüberfalls auf eine Tankstelle hinter Gitter musste. Die eigene Familie soll sehr unter dem gewalttätigen Mann gelitten haben, Veilchen bei der Ehefrau zum Beispiel seien keine Seltenheit gewesen. Alles in allem, meint ein ehemaliger ABM-Kollege, wäre der Mann eine tickende Zeitbombe gewesen. Irgendwann, war sich damals fast jeder sicher, passiert hier etwas Schreckliches.

Ist ja auch. Aber als Ende 2003 die Verhandlung vor dem Neubrandenburger Landgericht begann, wollte es fast niemand unter den zahlreichen Zuschauern glauben: Dieses zierliche Persönchen, die vor wenigen Tagen 18 Jahre alt gewordene Susanne E.*), soll auf einen ausgewachsenen Mann eingestochen und mit einer Eisenstange eingeschlagen haben? Nicht allein, mitgemacht hatte laut Anklage seinerzeit ihr fast neun Jahre älterer Freund Daniel G.*) Aber trotzdem. Das Opfer der beiden mutmaßlichen Täter ist Susannes Vater gewesen. In einer lauen Aprilnacht des Jahres 2002 fand der Mann in seinem eigenen Wohnzimmer den Tod. Dass die Verhandlung überhaupt starten konnte, ist in erster Linie akribischer Arbeit der Polizei zu danken. Lange Zeit hat es so ausgesehen, als sei gar kein Opfer vorhanden. Lediglich eine Vermisstensache. Vater E., im Dorf als arger Trunkenbold und Familientyrann bekannt, ward plötzlich nicht mehr gesehen. Seine Nachbarn haben sich dabei nicht viel gedacht. E., so heißt es unter den Dorfbewohnern, sei eben öfter mal verschwunden. Auch der Justiz war der Mann kein Unbekannter. Längere Zeit hat E. vorher schon hinter schwedischen Gardinen verbracht. Kein Grund also zu diesem Zeitpunkt für die Polizei, auf der Suche nach E. in hektische Betriebsamkeit zu verfallen.

Ein Jahr später änderte sich die Situation. Gerüchte machten im Dorf die Runde, vielleicht sei E. erschlagen worden. Im Mittelpunkt des Geredes: die eigene Familie. Jetzt begannen die Ermittler, sich genau umzuhören und umzusehen. Susanne E. und Daniel G. waren bald als eventuelle Hauptverdächtige im Visier. Und hielten dann vor der Polizei auch nicht lange dicht. Die Beamten wurden in die Nähe des Dörfchens Bresewitz nördlich von Friedland geführt. Hier fanden die Ermittler die verscharrte Leiche des vermissten E.

Die Staatsanwaltschaft klagte Susanne E. und Daniel G. deswegen des gemeinschaftlichen Mordes an. Wie es damals hieß, sollen beide, zusammen mit zwei Bekannten, kurz vor Mitternacht des 27. April 2002 vor dem Wohnhaus der Familie E. mit dem Opfer gestritten haben. Der Grund: andauernde Gewalt gegenüber Susanne E. und ihrer Mutter. Der Vater erhielt von G. einen Faustschlag ins Gesicht, Susanne indes holte aus der Küche ein 40 Zentimeter langes Messer und soll auf E. eingestochen haben. Ihr Freund schlug mit einer Eisenstange zu. Anschließend, so der Staatsanwalt, sei der Vater in das Haus gegangen und habe sich, angetrunken, wie es heißt, auf das Sofa im Wohnzimmer gelegt und geschlafen. Nur wie betrunken muss jemand sein, sich nach Messerstichen und Hieben mit einer Eisenstange seelenruhig hinzulegen? Nun soll die Gewaltorgie erst richtig begonnen haben. Beide Angeklagten, so damals die Auffassung der Staatsanwaltschaft, haben mit der Eisenstange mehrmals auf den Kopf des Opfers eingeschlagen und mit dem Messer auf ihn eingestochen. Als der Mann tot war, trugen sie ihn mit

Unterstützung der beiden Bekannten zum Auto, fuhren davon und verbuddelten die Leiche an einer Müllkippe. Tage später gruben sie ihn aus Angst vor Entdeckung wieder aus und verscharrten den Leichnam in Bresewitz.

*) *Name von der Redaktion geändert*

# ■ Von Schuld und Sühne

Der Prozess zog sich, mit Unterbrechungen, über mehrere Tage hin. Bei der Urteilsverkündung im Februar 2004 musste der Vorsitzende Richter Carl-Christian Deutsch dann auch gestehen, dass sich die „Beweislage als äußerst schwierig gestaltete". Alle Beteiligten an der Tat, dem so genannten Vatermord, hatten von ihrem Aussageverweigerungsrecht Gebrauch gemacht. Ebenso die Mitglieder der betroffenen Familie. Grundlage des Urteilsspruches seien daher vor allem die Aussagen der Beschuldigten bei der Polizei gewesen. Das Schweigen habe dem Gericht wehgetan, sagte Deutsch. Weil man um rückhaltlose Aufklärung bemüht war. Neuneinhalb Jahre für den beschuldigten Daniel G.*) wegen Totschlags und fünf Jahre Freiheitsstrafe für die Angeklagte Susanne E.*) wegen Körperverletzung mit Todesfolge lautet der Spruch der Richter am Neubrandenburger Landgericht.

Das Gericht stellte in der Urteilsbegründung die schwierigen Familienverhältnisse in der Familie E. in Rechnung. Das spätere Opfer Carsten E.*) hat nach Ansicht der Richter nicht nur Mutter und Tochter in schöner Regelmäßigkeit verprügelt – eine Ärztin aus Friedland hat das in ihrer Zeugenaussage bestätigt -, sondern soll Susanne auch missbraucht haben. Und nicht nur das. Es wäre sehr wahrscheinlich, hieß es, dass Carsten E. seine Tochter auf den Strich geschickt und an Bekannte vermietet habe. Die Situation in der Familie hat auch letztendlich zu der schrecklichen Tat geführt, so damals die Überzeugung des Gerichts. Die schwierige Lage der Susanne E. hat ihren damaligen Freund dazu verleitet, dem Vater einen Denkzettel zu verpassen. Bewaffnet mit einer drei Kilo schweren und 1,20 Meter großen Eisenstange betrat G. den Hof der Familie E. Schon vor dem Haus sei es zu Rangeleien gekommen, hieß es, anschließend im Wohnzimmer habe G. dann das Opfer erschlagen. Mit irrsinniger Brutalität, sagte Richter Deutsch.

Nach Ansicht des Gerichtes fehlten aber die Mordmerkmale. Die Tat sei, obwohl G. die Eisenstange mit sich herumschleppte, nicht geplant gewesen. Warum habe er dann noch zwei Zeugen mitgebracht? Auch Heimtücke käme nicht in Frage. Genauso wenig wie niedere Beweggründe - der Täter wusste um die schwierige Situation in der Familie. Susanne E. hat, stellte das Gericht fest, auf ihren Vater eingestochen. Das Gericht widersprach aber der Ansicht der Staatsanwaltschaft, dass dies in Tötungsabsicht geschehen war. Der Stich sei nur sehr oberflächlich ausgeführt gewesen, und vermutlich war Carsten E. zu dem Zeitpunkt auch schon tot. Der nunmehr 18-Jährigen warf das Gericht indes vor allem ihr Verhalten nach der Tat vor, besonders ihre Abgebrühtheit bei der Beseitigung der Leiche. Auch könne keine Rede von einer wirklichen Notstandslage im Hause E. sein - trotz des gewalttätigen Vaters. Ein Verfahren wegen Körperverletzung lief bereits gegen ihn, und die Mutter hatte auch schon die Scheidung eingereicht. Die Situation sei also keineswegs völlig aussichtslos gewesen.

*) *Name von der Redaktion geändert*

## FÜNFTER TEIL

# VERLOREN IN DER SANDGRUBE

*Matthias H.*

*+ + + Verschwunden am 14. September 1997 + + +*

# ■ Qualvoller Tod in einem Erdloch

Frank Etzold, damals Erster Polizeihauptkommissar und Leiter des Reviers in Röbel, kann sich noch Jahre später an den besagten Tag erinnern, als die Beamten aus der kleinen Müritzstadt zur „Absicherung eines Tatortes" bestellt wurden. „Die Sandberg-Tannen, ein Wäldchen unweit des Klärwerkes, mussten abgesperrt werden", so der Polizist außer Dienst, der im Sommer 2013 in den Ruhestand verabschiedet wurde. Nachts wurden die Röbeler Ordnungshüter alarmiert, damit die Fachleute von der Kripo den Tatort gründlich untersuchen konnten und keine „Zaungäste" die Ermittlung stören. Denn die Sandberg-Tannen waren Schauplatz eines abscheulichen Verbrechens: Zwei Männer entführten den 20-jährigen Sohn eines Gastwirte-Ehepaares aus Brandenburg, der zu der Zeit gerade seinen Dienst in der Bundeswehr absolvierte und forderten für dessen Freilassung eine Million Mark Lösegeld. „Am 14. September ist Matthias H. entführt und erst am 9. Oktober gefunden worden."
Dreieinhalb Wochen bangten Familie und Freunde so um das Leben des jungen Mannes. Dabei fand das Opfer schon einen Tag nach seiner Verschleppung einen qualvollen Tod. Matthias H. erstickte in einem Erdloch, das die Entführer in den Sandberg-Tannen gegraben hatten. Zwar erklärten die beiden Täter, zwei Russen, während des Prozesses, sie hätten in dem Erdloch Entlüftungsrohre installiert,

*Die Sandberg-Tannen bei Röbel: In diesem Wald befand sich die Erdgrube, in der ein junger Gastwirtssohn 1997 auf entsetzliche Weise ums Leben kam.*

jedoch sind die Männer dabei äußerst schlampig vorgegangen. Matthias H. starb so einen Tod, vor dem sich wohl schon jeder irgendwann einmal gefürchtet hat: Eingesperrt in einer Kiste, das dumpfe Prasseln eines Spatenstichs Erde nach dem anderen hörend, bis völlige Dunkelheit herrscht. Schrecklich. Doch für H. ist der Albtraum furchtbare Realität geworden. Frank Taggesell, Chef der Morduntersuchungskommission bei der Neubrandenburger Polizei, hatte in seinem Kriminalisten-Leben schon vieles gesehen und erlebt. „Aber dieses Verbrechen damals", so sagte der Experte einmal, „hat sich in mein Gedächtnis eingebrannt. Das war schon etwas Besonderes." Taggesell war seinerzeit als örtlich zuständiger Kriminalist an den Tatort beordert worden. „Aber nur zur Unterstützung", erinnert sich der Kripo-Mann, „ermittelt haben die brandenburgischen Kollegen." Denen haben die Täter auch, als sie unter der Last der Beweise zusammenbrachen, den Platz des Erdlochs benannt. Frank Etzold erinnert sich noch, als sei es erst gestern gewesen, an den ungeheuren Medienrummel, den die Untat ausgelöst hatte. Zeitungen, Fernsehen, Rundfunk – alle seien dort gewesen. „Das ging soweit", schüttelt der Sietower noch Jahre später mit dem Kopf, „dass mir bei einer Einsatzbesprechung ein langer Stab mit Mikrofon zwischen den Beinen hindurch geschoben wurde, um zu hören, was ich denn nun zu sagen hatte." Da musste er, so Frank Etzold, doch laut und energisch werden.

Der inzwischen Mittvierziger Wjatscheslaw O. und sein zehn Jahre älterer Komplize Sergej S. hatten 1997 den 20 Jahre alten Matthias H. entführt und für dessen Freilassung ein hohes Lösegeld gefordert. Für die Tat verurteilte das Landgericht Potsdam die beiden Russen 1999 zu je vierzehneinhalb Jahren Haft. Zwei Jahre später wurden sie in Berlin schuldig gesprochen, vor H. auch den Berliner Computerhändler Alexander G. verschleppt zu haben. Sie wurden dafür zu zehn Jahren Haft verurteilt, die Gesamtfreiheitsstrafe auf 15 Jahre festgesetzt. Von dem Computerhändler fehlt weiter jede Spur.

## SECHSTER TEIL

# ZAHLEN, FAKTEN UND DER RICHTIGE RIECHER

# ■ Die Hälfte aller Vermissten ist nach einer Woche wieder da

Wann eigentlich gilt eine Frau, ein Mann oder ein Kind als vermisst? Für die Familie und den Bekanntenkreis dann, wenn die Person aus unerklärlichen Gründen ihrem gewohnten Aufenthaltsort fern bleibt. Die Polizei leitet eine Vermissten-Fahndung ein, wenn eine Person ihren gewohnten Lebenskreis verlassen hat, ihr derzeitiger Aufenthalt unbekannt ist und eine Gefahr für Leben oder Gesundheit – zum Beispiel als Opfer einer Straftat, eines Unfalls, Hilflosigkeit oder eine Selbsttötungsabsicht – angenommen werden kann.

Erwachsene, die im Vollbesitz ihrer geistigen und körperlichen Kräfte sind, haben das Recht, ihren Aufenthaltsort frei zu wählen, auch ohne diesen den Angehörigen oder Freunden mitzuteilen. Es ist daher nicht Aufgabe der Polizei, Aufenthaltsermittlungen durchzuführen, wenn die oben beschriebene Gefahr für Leib oder Leben nicht vorliegt. Denn es gibt auch Vermisstenfälle, bei denen Polizisten die Beweggründe akzeptieren müssen. Wenn Leute aus ihrem Lebensumfeld verschwinden und nicht mehr auftauchen wollen. Werden die aufgespürt, muss die Familie nicht informiert werden – es sei denn, es bestehen zum Beispiel Unterhaltspflichten. Ansonsten, heißt es, habe jeder Mensch das Recht auf seinen selbstbestimmten Wohnsitz und darauf, dass dieser auch geheim bleibt. Das gelte aber nur für Erwachsene. Minderjährige dürfen ihren Aufenthaltsort nicht selbst bestimmen. Bei ihnen wird grundsätzlich von einer Gefahr für Leib oder Leben ausgegangen. Sie gelten für die Polizei bereits als vermisst, wenn sie ihren gewohnten Lebenskreis verlassen haben und ihr Aufenthalt nicht bekannt ist. Vermisste Minderjährige werden, wenn die Polizei sie antrifft, so lange in staatliche Obhut (z.B. in eine Jugend-Einrichtung) genommen, bis eine Rückführung des Vermissten gewährleistet ist. Diese polizeiliche Maßnahme ist nicht mit einer Festnahme zu verwechseln, sie erfolgt zum Schutz des Minderjährigen.

Wie sich die Polizei bei einer Vermisstenanzeige verhält, hängt in großem Maße von der Familie oder Bekannten ab. Denn die Schilderungen der Anzeigenerstatter dienen der Polizei als Grundlage für die Einschätzung der Gesamtsituation. So kann es insbesondere bei unmittelbarer Gefahr für Leib oder Leben des Vermissten oder bei verschwundenen Kindern geboten sein, unmittelbar nach Eingang der Vermisstenmeldung – teilweise groß angelegte – Suchmaßnahmen einzuleiten.

Um eine großflächige Suche durchführen zu können, reicht sehr oft das Personal der örtlichen Polizei nicht aus. Deshalb werden in der Regel alle verfügbaren Kräfte aus den Hundertschaften der Bereitschaftspolizei und bei weiterem Bedarf auch die Hundertschaften anderer Bundesländer oder der Bundespolizei alarmiert. Der Einsatz von Suchhunden, Hubschraubern mit Wärmebildkamera oder weiterem technischen Gerät ist bei schlecht zugänglichem Terrain oder während der Nacht ebenfalls denkbar. Die Personalien vermisster Personen werden im „Informationssystem der Polizei" im Computer erfasst und damit zur „Fahndung" ausgeschrieben. Auf dieses System haben alle deutschen Polizeidienststellen Zugriff.

Ziel dieser Datei ist, durch einen rechnergestützten Vergleich über die Beschreibung der Person und die Umstände des Falles Zusammenhänge zwischen vermissten Personen und unbekannten Leichen oder nicht identifizierten hilflosen Personen zu erkennen.

Um eine Vorstellung von der Größenordnung der in Deutschland vermissten Personen zu bekommen, hier einige Zahlen: Im April 2016 waren in der Datei rund 18 400 aktuelle Vermisstenfälle gespeichert. Darunter waren etwa 16 000 in Deutschland als „vermisst" gemeldete Personen. In dieser Zahl sind sowohl Fälle enthalten, die sich innerhalb weniger Tage aufklären, als auch Vermisste, die bis zu 30 Jahre verschwunden sind. Täglich werden jeweils etwa 250 bis 300 Fahndungen neu erfasst und auch gelöscht.

Erfahrungsgemäß erledigen sich etwa 50 Prozent der Vermisstenfälle innerhalb der ersten Woche. Binnen Monatsfrist liegt die „Erledigungs-Quote" bereits bei über 80 Prozent. Der Anteil der Personen, die länger als ein Jahr vermisst werden, bewegt sich bei nur etwa drei Prozent. Knapp zwei Drittel aller Vermissten sind männlich. Etwa die Hälfte aller Vermissten sind Kinder und Jugendliche. Für ihr Verschwinden gibt es die unterschiedlichsten Gründe, Probleme in der Schule, mit den Eltern oder Liebeskummer. Falls eine Vermisstensache nicht aufgeklärt wird, bleibt die Personenfahndung bis zu 30 Jahre bestehen.

Auch in und um Neubrandenburg hat die Polizei noch längst nicht alle Akten über plötzlich verschwundene Personen zugeklappt. Dabei gelten einige schon viele Jahre als vermisst. Zwei von ihnen sind vermutlich im Tollensesee ertrunken, allerdings wurden die Leichen nie gefunden. 1997 der eine und 2008 der andere. Letzter Fall gilt als besonders tragisch, denn der Großvater versank im Wasser, als er seine dreijährige Enkelin retten wollte – leider ohne Erfolg. Vermisst wird seit langer Zeit ebenfalls eine junge Vietnamesin, die sich hier als Flüchtling meldete und verschwand. Von anderen, die wie vom Erdboden verschluckt erscheinen, ist hier im Buch die Rede.

Auch in anderen Langzeitvermissten-Fällen tappen die Ermittler teilweise seit Jahrzehnten völlig im Dunklen. So wie im Falle eines Mannes aus der Müritzregion, der 1995 plötzlich verschwand, ein anderer hat es sogar in die Annalen des Landes als einer der am längsten vermissten Menschen geschafft. Seit Juni 1981 gilt jemand aus der Röbeler Gegend als verschwunden, der mit seinem Boot auf der Müritz unterwegs war und niemals mehr auftauchte. Zwar sei in Fällen wie diesem, wie es bei der Polizei heißt, davon auszugehen, dass dem Mann ein Unglück widerfahren ist – doch gilt ein Opfer so lange als vermisst, bis man es gefunden hat. Tot oder lebendig.

## KAPITEL II

# ■ Hunde, die bellen, beißen nicht und retten dafür Menschen

Ebby darf nur üben. Die Labrador-Hündin von Christin Baum ist erst zehn Monate alt und damit viel zu jung für den Ernstfall. „Erst mit eineinhalb Jahren", klärt Uwe Becker, einer von drei Zugführern der Rettungshundestaffel „Vier Tore" Neubrandenburg, auf, „dürfen unsere Hunde die Prüfung absolvieren." Bis dahin darf Ebby nur trainieren. Die aber, so glaubt der Fachmann, mal eine richtig Gute wird. „Die Anlagen und die Lust auf die Arbeit besitzt das Tier auf alle Fälle."

Die Neubrandenburger Hundeführer und ihre Tiere müssen immer dann ran, wenn alle anderen Möglichkeiten, vermisste Menschen zu finden, ausgereizt sind. „Wenn zum Beispiel die Personenspürhunde der Polizei nichts finden, kommen unsere", so Becker. Und erklärt den Unterschied. Die verbeamteten Hunde der Ordnungshüter gehen immer einer konkreten Spur nach. „Die erhalten einen Geruchsträger der verschwundenen Person und gehen der nach." Manchmal klappt das, manchmal nicht. „Unsere Hunde dagegen spüren generell menschlichem Geruch nach." Die verfolgen keine konkrete Spur, sondern suchen eine abgesteckte Fläche ab. „Wie etwa im Fall der im Dezember spurlos verschwundenen Gerda Wiese aus Priborn. Aber leider haben auch wir die Frau nicht finden können." Oder in einem anderen Einsatz, als ein Rentner aus der Müritzregion nach dem Brötchenholen nicht wieder kam und schließlich vermisst gemeldet wurde. Den haben die Neubrandenburger Rettungshunde gefunden – allerdings war der Mann schon nicht mehr am Leben.

Zu etwa 30 Einsätzen im Jahr werden die Neubrandenburger gerufen. „Meistens in der Nacht", seufzt Becker. Der sich aber über die hohe Einsatzfreude „seiner" Leute freut, die fast immer dabei sind, wenn Menschen in Not geraten. Zehn einsatzfähige Hunde bellen in der Staffel, jeder von denen ist in der Lage, bei einem Einsatz etwa 100 000 Quadratmeter Fläche abzusuchen. „Die müssen schon lauffreudig sein", sagt der Zugführer und verweist noch auf einen anderen entscheidenden Unterschied seiner Vierbeiner gegenüber denen der Polizei: „Unsere Hunde laufen nicht an der Leine, sondern frei

*Ebby meistert die Hürden mit Bravour.*

im Gelände – aber immer auf Sichtkontakt." Gut zu Fuß müssen daher nicht nur die Hunde sein, sondern auch deren Besitzer. Und die Begleiter. „Ein Suchteam besteht in der Regel aus Hund, Hundeführer und einem Suchgruppenhelfer." Während der eine Kontakt zum Hund hält, kümmert sich der andere um den Funkverkehr, Karte und Kompass. „Von denen", spricht Becker jetzt einen Wunsch aus, „können wir durchaus noch Mitstreiter gebrauchen."

Sogar ins Ausland haben es Mitglieder der Rettungshundestaffel schon geschafft, wenn Not am Mann und der Frau war. Erst im Jahr 2016 waren Beate Fibinger und ihr Mann Gabriel eine Woche lang mit 50 weiteren Helfern aus dem Team von ISAR Germany, einer privaten Hilfsorganisation, im Einsatz in Nepal, um nach verschütteten Opfern des großen Erdbebens zu suchen. In Kathmandu erlebten beide selbst vier kleinere Nachbeben. „Es war wie ein Gewitter. Ein gewaltiger Krach."

Ebby, die junge Labrador-Hündin, darf jetzt wieder ran auf dem Übungsplatz an der Ihlenfelder Straße. Uwe Becker versteckt sich und auf das Kommando ihres „Frauchens" prescht die Hündin los. Den Mann zu finden, fällt nicht schwer. „Sie muss an dem Platz bleiben und Laut geben", erklärt Christin Baum. Ebby macht alles richtig. Setzt sich und bellt laut los. „Im Einsatz kann man mit hoher Wahrscheinlichkeit davon ausgehen, dass unsere Hunde vermisste Personen in ihrem Suchgebiet aufspüren. Finden sie nichts, ist auch niemand da."

Beckers aufregendster Einsatz hat ganz in der Nähe stattgefunden. „Vor Jahren stürzte zu Weihnachten ein Haus in Altentreptow ein. Da haben wir in den Trümmern nach Menschen gesucht." Gott sei Dank niemanden gefunden, weil niemand in den Trümmern begraben war. Denn den Schnüfflern entgeht nichts. Becker weiß

*Aufmerksamer Blick bei Ebby und auch beim Frauchen.*

von Hunden zu erzählen, die sogar auf der Suche nach im Wasser vermissten Menschen eingesetzt werden. Die hängen mit Schnauze und Nase im Boot über dem Wasserspiegel und versuchen, menschliche Witterung zu orten. Bis zehn Meter Wassertiefe, so heißt es, könnten die Ertrunkene noch riechen.

Nach Ebby läuft sich gerade Sammy warm, ein vierjähriger Irish Setter und geprüfter Flächensuchhund. Christiane Becker, Uwe Beckers bessere Hälfte, schickt ihren Hund zunächst auf einen erhöhten Platz. Dort muss der Hund geduldig warten, bis er das Kommando zur Rückkehr erhält. Ohne vernünftige Unterordnung, heißt es, kein guter Rettungshund. Und das hat sogar die junge Ebby schon begriffen.

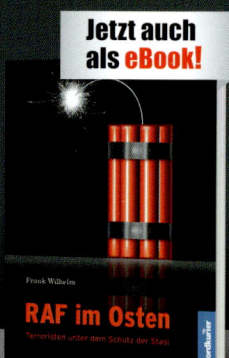

Anmerkung der Redaktion:

Die Beiträge in diesem Buch wurden nach bestem Wissen und Gewissen recherchiert und beruhen auf bereits veröffentlichten Artikeln in der Tageszeitung Nordkurier. Es kann nicht ausgeschlossen werden, dass sich nach Redaktionsschluss (April 2017) der Ermittlungsstand ändert und der eine oder andere Fall dann in einem neuen Kontext erscheint.

**IMPRESSUM**

**HERAUSGEBER**    Nordkurier Mediengruppe GmbH & Co. KG,
Friedrich-Engels-Ring 29, 17033 Neubrandenburg

**REDAKTION**    Thomas Beigang, Elke Enders

**GESTALTUNG**    Hannes Ackermann, Ulrike Kielmann

**DRUCK UND BINDUNG**    Optimal media GmbH, Röbel/Müritz

**FOTONACHWEIS**    S. 7 Thomas Türülümow; S. 11, 60, 65, 90, 113 Polizei/Nk-Archiv;
S. 20, 33 Torsten Bengelsdorf;
S. 48, 50, 59, 82, 100, 151, 153 Thomas Beigang;
S. 109, 110, 115, 117, 118 Udo Roll;
S. 106 ZDF/Nk-Archiv; S. 141 Elke Enders
S. 112 Grafik: Hannes Ackermann

**Herausgegeben 2017**